本成果受到中国人民大学
"中央高校建设世界一流大学（学科）和特色发展引导专项资金"支持

明｜德｜群｜学
总主编◎冯仕政

明德群学
社会治理与社会政策

陈那波 主编

老年社会工作
理论与实务

谢立黎 ………… 主编

中国人民大学出版社
·北京·

总　序

　　一八九五年，其时之中国，积弱不振，在甲午战争中节节败退。作为中国第一批留学生中的一员、北洋水师学堂的总教习，严复先生对国事深感痛惜，扼腕奋舌，发表《原强》一文，文中先谈达尔文进化论的思想，后论斯宾塞的社会学原理。在文中，严复首次使用"群学"概念翻译"sociology"一词，该概念借自荀子"人之所以异于禽兽者，以其能群也"，严复称群学之中心为"人伦之事"，认为斯宾塞之群学"约其所论，其节目支条，与吾《大学》所谓诚正修齐治平之事有不期而合者"，而《大学》中言，"诚、正、修、齐、治、平"为"明德"之道，所以，"明德群学"在社会学引入中国之始，便已是题中应有之义，严复先生所论之群学，也从一开始就和国家强盛之道关联在一起。严复先生从洋务运动的失败进而思考国家强盛的根本，认为国家富强之道在于鼓民力、开民智及新民德，此三者为强国之本。

　　一八九七年起，严复先生陆续翻译了英国社会思想家斯宾塞《社会学研究》一书中各篇，一九〇三年结集出版时取译名为《群学肄言》。该书是斯宾塞关于社会学的奠基性作品，主要讨论社会学的基本方法论问题，从日常的生活现象开始，分析社会现象为什么需要科学的研究，回答社会学能否成为科学，鼓励人们摆脱以"上帝""伟人"视角来对社会做出解释的习惯，从中抽离和"祛魅"。在该书中，斯宾塞分析了社会现象的特性以及开展针对社会现象之科学研究的困难，系统地阐述了可能影响社会现象之研究结果的各种因素。对于严复先生而言，尽管斯宾塞之群学和中国圣贤之论有不期而合者，但斯宾塞所论述的群学是成体之学，是有体系的科学新理。严复表明他的翻译及论著均旨在以西方科学新理重新解释中国过去治乱兴衰的根源，并据此提出其救亡经世之方，所谓"意欲本之格致新理，溯源竟委，发明富强之事"。

时至今日，距严复先生发表《原强》一文，已然一百多年，斗转星移，沧海桑田，中国的社会发生了翻天覆地的变化：中国建成了世界上规模最大的教育体系、社会保障体系、医疗卫生体系，全体人民摆脱绝对贫困，生活全方位改善，人均预期寿命、人均受教育程度、居民人均可支配收入均持续提高，严复先生一百多年前的强国梦想，已经在一代一代中国人的努力下阶段性地实现。当然，我们仍然面临新的问题，人民日益增长的美好生活需要和不平衡不充分的发展之间的矛盾仍然存在，城乡和区域间的发展差距仍然显著，人口增长开始步入下降通道，未富先老问题正在显现，实现高质量的发展仍需努力。挑战总在不断出现，有些是中国所独有的，也有些是人类所共同面对的，在斯宾塞先生的故乡——英国，也产生了众多斯宾塞不曾预料到的问题：移民无序涌入、政治分裂、社会福利不公、社会流动困难等等。全球共此凉热，人类社会迎来了日新月异的技术变化，唯对我们自身的了解和研究并没有迎来同等水平的提高和进步，社会学研究也因此依然任重道远。

中国人民大学的社会学学科肇基于中国人民大学的前身——陕北公学（1937年），社会学系是陕北公学首创的五个学系之一，且为当时招生规模最大的学系。1950年中国人民大学命名组建后，陈达、李景汉、吴景超、赵承信、戴世光、陈文仙、全慰天等一大批老一辈社会学家来中国人民大学工作，为中国人民大学社会学学科的发展建立了优良的传统，奠定了坚实的基础。在改革开放新时期，以郑杭生、刘铮、邬沧萍、沙莲香为代表的社会学家，带领广大师生高举建设"中国特色社会学"的旗帜，面向国民经济和社会发展需要，扎根中国大地，一代接力一代开展学科建设，中国人民大学社会学逐渐发展为二级学科门类齐全，师资力量雄厚，培养体系完整，在学科建设、科学研究、人才培养、资政启民等方面均具有重要影响的中国社会学教学和研究重镇。

2022 年 4 月 25 日，习近平总书记在中国人民大学考察时强调"加快构建中国特色哲学社会科学，归根结底是建构中国自主的知识体系"。中国正在经历一个伟大的时代，面对百年未有之大变局。伟大的时代将会催生伟大的作品和伟大的理论，社会学有着更大的责任去发挥学科所长，深入调研和了解中国，以中国之实践滋养中国之知识、中国之理论，建构中国之自主知识体系。

为进一步推动中国社会学学科发展，服务中国社会建设和社会治理实践，中国人民大学社会学学科组建"明德群学"丛书系列。丛书暂设以下分系列："中国社会变迁"丛书，由李路路教授主编；"中国社会学史论"丛书，由奂平清教授主编；"社会治理与社会政策"丛书，由陈那波教授主编。"明德群学"丛书系列将有组织地汇集社会学一级学科下众多优秀作品，聚焦中国社会建设和社会治理的伟大实践，聚力推进中国式现代化进程，致力构建中国社会学自主知识体系，以"群学"求"明德"，为实现中华民族伟大复兴的中国梦做出学科应有的贡献。

目　录

下篇　老年社会工作案例分析

老年社会工作的理论与政策

第一章 | 老年社会工作概述

第一节 老年社会工作的概念和主要内容

一、老年社会工作的概念

老年社会工作是以老年人为服务对象的社会工作专业服务。它为老年人提供社会救助、生活照顾、心理辅导、社会支持网络建设、适老化环境改造、老年教育、临终关怀等服务，帮助老年人获取资源、争取权益、增强能力、解决问题。

老年社会工作与其他老年学科的不同之处在于，其是在社会工作专业价值理念的指导下，运用各种不同的专业方法来提供专业服务。老年社会工作可以运用个案工作、小组工作、社区工作等社会工作专业方法，不仅对老年人本身进行直接干预，还为老年人周围的人，如亲属、朋友、邻居、志愿者等，以及老年人所处的环境提供干预或支持。老年社会工作还可以运用社会工作行政、社会政策倡导等方法，在宏观层面为弱势的老年群体争取更多的资源，并呼吁全社会共同营造老年友好的社会氛围。

在过去，老年社会工作主要以问题视角为主，老年人被认为是弱势的、抑郁的、久病缠身的、走向死亡的，工作侧重于为贫困老年人提供经济援助，为患病老年人提供医疗服务，为抑郁老年人提供心理疏导，等等。这种类型的老年社会工作忽视了老化过程中的积极、主动因素，不利于老年群体的健康发展。事实上，许多科学研究表明，绝大多数老年人的晚年生活是积极的、健康的、有成效的和令人满意的[①]。很多老年人可以长久地保持身体健康并独立自主地生活。一些老年人虽然患有疾病，但也有能力参加志愿工作去帮助别人，为家庭、社区和社会做出贡献。也就是说，年老本身不是问题，社会对老年人的歧视、偏见以及对老化过程的误解才是阻碍老年人发挥能力、过上幸福生活的大问题。

随着老年人健康状况的改善，老年人口逐渐呈现出两种状态：大部分老年人很健康，虽然他们可能患有慢性病，但疾病不会对他们独立自由地生活以及参与社会活动造成很大影响；另一小部分老年人则有伤残或患有重病，饱受病痛折磨，需要生活协助与医疗服务。因此，老年社会工作应提供综合的老年人服务，一方面要为有需要的老年人提供社会救助、生活照顾等服务，确保遭受各种困难而丧失部分社会功能的老年人能够"老有所养"；另一方面也要以积极老龄化的视角开展工作，鼓励更多老年人积极融入社会并参与经济社会发展，丰富健康老年人的社会生活，促进"老有所为"的实现，使老年人不同层次的需求都能得到满足，能有尊严地度过晚年。

二、老年社会工作涉及的主要领域

（一）老年救助

老年救助包括经济救助、医疗救助、生活救助、心理救助、法律救助等。弱势老年群体需求的多样性和层次性决定了老年救助服务内容的多样性和层次性。在老年救助服务中，最基本的是为生活困难的老年人提供满足其最低生活需求的物质援助。老年社会救助体系不仅要考虑老年人的经济需要，还要考虑老年人的社会需要、心理需要；不仅要关注全体老年人的需要，还要关注特殊

---

① 梅陈玉婵，林一星，齐铱.老年社会工作：从理论到实践.2版.上海：格致出版社，2017.

老年人的需要，特别是高龄、失能、空巢、失独老年人的需要。

社会工作是一个扶贫救弱的专业，它的专业使命要求老年社会工作者首先要关注弱势老年群体的问题，因此老年救助服务是老年社会工作最基本的内容。社会工作者可以协助无收入或低收入的老年人申请政府的最低生活保障，为患病的老年人链接更好的医疗资源，为没有独立生活能力的老年人提供居家、社区照顾服务，为沉浸于孤独、沮丧情绪甚至有自杀倾向的老年人提供心理疏导，为有赡养纠纷、财产纠纷的老年人提供法律咨询，等等。

（二）老年照顾

老年照顾是为由于年龄增长或患有长期性疾病而在生活自理方面存在困难的老年人提供的照顾服务，根据照顾的地点可分为家庭照顾、社区照顾和机构照顾三种形式。

家庭照顾是将需要照顾的老年人留在家中或其熟悉的环境中进行照顾[1]，这是目前中国老年人照顾的主要形式。社会工作者可以通过几种方式介入家庭照顾领域。第一，为贫困老年人家庭链接资源，如协助贫困老年人申请生活补贴或家庭补助，以保障贫困老年人及其照顾者的基本生活。第二，为老年人家庭提供家政服务，以减轻照顾者的照顾压力。第三，对照顾者开展相关培训，宣传老年人健康知识，提高照顾者的照顾技能，协助照顾者和老年人一起制订健康饮食与生活计划。

社区照顾是在社区对需要照顾的老年人进行照顾，使其不脱离家庭和熟悉的社区环境，尽可能过上正常的社会生活。社区照顾的核心是"正常化"以及独立自主的自由选择，它强调的是长期照顾、非机构化、非正式照顾、选择和参与、需求导向的服务、减少公共依赖以及成本-效益七个方面[2]。社区照顾可

---

[1] 李迎生.社会工作概论.3版.北京：中国人民大学出版社，2018：386.
[2] 全国社会工作者职业水平考试教材编写组.社会工作实务：中级.北京：中国社会出版社，2019：168.

分为"由社区照顾""社区内照顾"和"对社区照顾"。根据分类，社会工作者可以为"由社区照顾"的老年人链接养老照顾资源，动员老年人的家人、朋友、社区志愿者共同组成老年人照顾网络，并且完善社区的紧急支援网络，如独居老年人电话呼叫系统等。对于"社区内照顾"的老年人，社会工作者可以协助社区照顾机构评估老年人的需求并制订照顾计划，为社区照顾机构提供照顾技能培训，以提高照顾的总体质量。同时，单靠社区及老年人家人的力量是不够的，社会工作者还要"对社区照顾"，提供支援性服务，包括促进日间医院和日间护理中心的建立、提供暂托服务等。

机构照顾是在专门机构内，为没有住所、没有照顾者或者患有长期性疾病而需要医务人员陪护的老年人，提供护理、饮食、生活服务的照顾。提供机构照顾的场所一般为养老院、老年福利院、老年公寓等。社会工作者在养老机构中主要的工作内容为：参与老年人入院前的生理、心理和社会功能评估，帮助老年人制订在机构的照顾计划；开展个案、小组工作，做好老年人的入院适应工作；帮助老年人协调人际关系，缓解老年人面对分离、丧失、死亡等负面事件时的消极情绪；参与机构制定政策和制订整体服务计划的工作。

（三）精神健康

当老年人面对身体衰老和生命转折等一系列压力事件时，难免出现一些认知或情绪问题。抑郁症、认知障碍、谵妄、焦虑症是老年人最常见的四个认知和情绪问题。抑郁症主要影响老年人的情绪和情感，患有抑郁症的老年人通常感到情绪低落、自我价值感低、对过往喜爱的事物提不起兴趣、嗜睡或睡眠紊乱。认知障碍主要影响老年人的认知和智力功能，患有认知障碍的老年人可能会出现记忆困难、学习困难、沟通困难、失去时间感与方位感、辨认不出人等情况。谵妄与认知障碍类似，但它更可能在患病或手术后出现，患有谵妄的老年人情绪波动大、容易出现精神错乱。患有焦虑症的老年人会有强烈、持续的紧张、担心、恐惧的情绪，会有不合理的想法，可能会出现心跳加速、眩晕或出汗过多等症状。

阿尔茨海默病也越来越引起老年社会工作者的关注。这是一种会造成不可逆转的认知和智力功能下降的疾病。患有阿尔茨海默病的老年人常常会忘记最近发生的事情，难以辨认家人和朋友，辨别不出方向，语言表达能力也会受到损害，不能找到正确的词语来表达自己的意思。严重的阿尔茨海默病患者甚至会完全丧失行走、交流能力，无法控制自己，生活无法自理，最终走向死亡。

老年社会工作者要学习与老年相关的心理健康知识，包括抑郁症、认知障碍、谵妄、焦虑症以及阿尔茨海默病等疾病的症状，要准确评估老年人的心理和情绪问题，及时采取干预措施，避免老年人病情的加重，及时将老年人从危机中解救出来。在对老年人的情绪与认知方面的问题进行干预时，除了为老年人提供基本的药物治疗外，社会工作者还可以对仍有一定认知能力、表达能力，并且情绪尚且稳定的老年人，采用认知行为疗法、缅怀往事疗法、人生回顾等方法进行干预。

（四）社会支持

社会支持分为正式和非正式的支持。正式社会支持是由制度化组织，如各级政府、机构、企业、社区等提供的资源或服务支持。非正式社会支持则是由家庭成员、邻居、朋友等提供的情感、行为和信息支持。社会支持也可以分为工具性支持和情感性支持，老年人的工具性支持是根据老年人的各种生活照顾需求提供的服务支持和其他物质支持，老年人的情感性支持是根据老年人的各种情感需求提供的社交、情绪宣泄、心理辅导等精神支持。许多研究表明，社会支持能通过生物、心理、社会机制对老年人的身心健康产生影响。

老年社会工作者要对老年人的社会支持情况进行评估，并综合运用各种策略来提高老年人的社会支持，拓宽其社会支持网络。老年社会工作者要增强对老年人的正式社会支持，促进各种老年组织和机构的发展，倡导政府与企业关注老年群体，为老年人及其家庭构建制度保护网。老年社会工作者还要增强对老年人的非正式社会支持，为老年人的照顾者提供服务，缓解照顾者的经济或精神压力，鼓励老年人参与社区活动，使其与社区居民和社区组织建立良好的关系。

在老年人的社会支持网络建设中，老年社会工作者不能忽视老年人自身的优势和潜能。要增强老年人自助的能力，可以通过开展同辈小组活动，建立起有自助互助性质的社区老年小组，充分利用同辈支持的资源。老年社会工作者也要整合社区的经济、文化、医疗、教育资源，使老年人能充分利用并享受这些资源。

（五）社会参与

社会参与是积极老龄化的三大支柱之一，它强调社会参与不仅仅是老年人的需求，更是一种权利。创造老年人参与社会的机会和条件，增强老年人社会参与的意识和能力，是老年社会工作的又一重点任务。老年人社会参与的增加，不仅能减轻老年人的孤独感、失落感，延缓其衰老进程，而且有助于开发老年人的人力资源，使老年人对社会经济的压力转化为促进可持续发展的动力，让老年人为社会做出新贡献，从而实现晚年的人生价值。从这些角度看，社会参与对老年人身心健康和社会发展都发挥着重要作用。

老年教育、就业、志愿服务等是实现老年人社会参与的重要途径。老年教育与就业可以使老年人回归主流社会，学习新的生活技能和科学知识，更好地适应快速变化的现代社会，减少被边缘化的风险，获取更多资源和减少心理健康危机，从而达到"老有所为"。社会工作者可以推动建立老年大学、老年学习社等多种类型的老年人学习机构和平台；开展有关健康、安全、财产、文化等的教育课程；鼓励老年人参加微信使用、老人机使用等技能培训，并促进老年人将学习成果应用于实际生活中。

老年社会工作者可以组织开展适合老年人的文化、体育、娱乐活动，丰富老年人的社会生活；鼓励老年人参与志愿服务，培育老年志愿队伍；畅通老年人和社区的沟通渠道，培养那些有时间、有能力的老年人成为社区活动的积极分子，协助老年人参与社区协商，为社区发展贡献力量；创造老年人重返劳动力市场的条件，促进老年人与其他社会群体的融合。

第二节　老年社会工作的基本理论

一、衰老理论

衰老理论主要研究随着年龄增长，重要生命器官功能水平的变化。代表理论有基因理论、自由基理论、免疫理论等。

基因理论强调基因导致老年期细胞和器官的变化。代表学说为生物程序理论，该理论认为每种生物都受某种遗传程序支配，按时呈现出生长、发育、成熟、衰老的生命现象，衰老就是躯体细胞突变或 DNA 修复机制改变的结果。

自由基理论认为，自由基是有一个或一个以上不配对电子的原子或原子团。由于电子不成对，因此自由基会夺取其他原子或原子团的电子，从而损害机体，引起衰老、疾病和死亡。自由基一部分存在于人体内部，另一部分来自太阳光中的紫外线、汽车尾气、有害金属元素等[1]。随着年龄的增加，机体的抗氧化功能下降，难以抑制自由基，导致自由基在体内大量积聚，最终损害机体功能。

免疫理论研究老年与人体免疫功能之间的关系，认为老年期会出现老年性免疫衰退，即随着年龄的增加，老年人免疫功能下降，对疾病的抵抗力降低，免疫反应增加。具体表现是老年人会比年轻时更容易患病，特别是患免疫系统疾病，比如红斑狼疮和类风湿关节炎等。

衰老理论从生物学视角很好地解释了衰老过程中人体器官改变的特点和原

---

[1]　丁春暄.衰老的原因与对策.现代养生，2007（11）.

因，但任何单一的老年生物学理论都不能完全地解释衰老的所有现象，老年人的衰老过程还受到心理状态、所处环境等因素的影响。社会工作者要掌握一定的衰老理论，从而更好地理解老年期生理方面的变化，更好地评估老年人的需求，进而制订护理计划。

二、社会情绪选择理论

社会情绪选择理论解释的是老年人社会活动数量和频率随着年龄增长而减少的心理机制，时间知觉和社会目标是其核心概念。该理论认为，个体知觉到的未来时间会影响个体社会目标的优先性。该理论将人的社会目标分为知识获得目标和情绪管理目标。如果未来时间被知觉为充足的，那么社会行为的目标就是未来导向的，人们更倾向于采取筹备性的行为，比如拓展知识、体验新奇事物等。如果未来时间被知觉为有限的，那么情绪目标则成为基本的追求，人们更关注情感、情绪的满足感。随着年龄的增长，老年人越来越感知到时间的有限，不再像年轻时那样关注遥远的未来，因此更倾向于追求与情绪相关的社会目标，主动选择减少社会行为，策略性地选择社会网络，使得积极情感最大化、消极情感最小化。

根据社会情绪选择理论，老年期行为的变化不是因为丧失，而是因为老年人基于时间知觉而做出的目标调整。社会工作者对老年人认知、情绪、动机变化的预测应从生理年龄视角转移到时间知觉视角，要了解老年人对未来时间的知觉和当前追求的社会目标，帮助老年人缓解对未来时间有限性的过分担忧，鼓励老年人保持对未来积极的期望，这对于维持老年人的心理健康、幸福感和正常的身体机能是至关重要的。社会情绪选择理论的研究主要集中在国外，该理论是否适合我国的文化背景、人口结构和社会现实还有待验证。除此以外，该理论的研究几乎都是基于被研究者的年龄差异，将老年人和年轻人进行横向对比，而对性别差异、纵向时间变化的探讨较为缺乏。

三、角色理论

社会角色是在社会交往和互动中形成的，与人们的社会地位、身份相一致的有关权利、义务的一整套规范和行为模式，是人与人之间的一种稳定的相互关系，也是社会对个体的行为期待。在老年社会工作领域，角色理论探讨的是老年期社会角色的变迁。它试图解释，身为社会的一员，老年人如何调整自己的角色以适应老化的过程。

角色理论假定，人在一生中的不同阶段会扮演不同的角色，比如人在年轻时是父母、某一工作单位的成员、活跃的社区成员、丈夫或妻子等，在年老时会成为祖父母、退休人员、丧偶者等。随着老化进程推进，人丧失了在中年时的社会角色和社会关系，但也获得了一些新角色。角色理论认为，老年人的晚年生活是否幸福，就取决于其从年轻时和中年时的角色过渡到老年时的角色的过程是否成功。

然而，老年人角色过渡的阶段常常不具有连贯性，也就是说在上一个年龄层次学到的东西，在下一个年龄层次可能是无用的甚至是抵牾的。由于角色的不连贯性，老年人不能用一贯的社会规则指导自己的行为，这极大影响了老年人退休后的心理和行为调适，尤其是角色变化所带来的在家庭和社会中地位的下降、话语权的丧失等，使老年人产生年龄依赖，消极被动地适应晚年生活，因而被排除在有意义的社会活动之外。

与其他理论一样，角色理论也存在一些缺陷。角色理论不能独立地解释老年人某种社会行为的变化，而需要与其他许多理论结合起来使用。角色理论认为成功的老年生活有赖于老年人对角色变化和角色丧失的适应，强调的是个体的行为，而没有把社会环境视为影响老年过程的重要因素。角色理论为社会工作者提供了了解老年人社会行为和社会关系变化的新视角，促使社会工作者帮助老年人更好地适应角色变迁。在这一过程中，社会工作者也要警惕角色理论的结构-功能视角，反思老年人的某些社会角色的丧失是否合理。

四、活动理论

活动理论强调社会参与、社会活动与社会认同，与"老有所为"思想具有契合性。该理论强调正常的老化过程不能脱离社会活动，认为积极参与社会活动、与社会环境保持良好互动关系的老年人比活动水平低的老年人对晚年生活更满意，更能成功地适应老年生活。

活动理论认为，老年人面临的重大问题之一就是社会角色的丧失，社会角色丧失越多，老年期参与的活动越少，自我满足感越低。因此，促使老年人把注意力从一个丧失的角色转移到另一个角色上去，保持高水平的活动，会使老年人获得稳定的角色支持，从而保持稳定的自我认识，克服孤立状态，维持开朗心境并享受幸福的晚年。

活动理论被普遍地运用于老年社会工作实务中，老年社会工作者要根据老年人的不同个性和具体生活环境，鼓励老年人参与合适水平的社会活动，提升老年人的生活满意度。老年社会工作者更要为老年人创造参与社会活动的机会和条件，使老年人更多地参与社区事务和人际互动，延缓老年人认知能力、记忆能力等功能状态的退化，降低衰老、退休、丧偶等不利事件带来的负面影响，促进老年人身心健康。

活动理论也有其自身的局限性。一方面，它忽视了老年人个性之间的差异和对晚年生活期待的差异。一些老年人可能非常乐意参与社会活动，他们活跃于各种社区事务或者老年亚文化群体中，享受丰富、充实的晚年时光。另一些老年人可能对卸下中年时的负担感到轻松愉悦，只想赋闲在家，不想过多参与社会活动，强制他们出去社交反而会使他们筋疲力尽。另一方面，活动理论也忽视了经济条件、健康状况、社区环境、代际关系等因素对老年人参与社会活动的影响，因为并不是所有的老年人都有足够的时间、金钱、精力和机会去参与社会活动。这一局限反映出活动理论更聚焦于老年人个体通过调整自己的行为来适应社会，而不是社会做出调整来适应老年人。

五、脱离理论

脱离理论又称撤退理论或休闲理论，是与活动理论相反的理论。脱离理论强调社会和个人的双向脱离，认为脱离对社会和个人都有益处。脱离理论认为，在老年人退出经济、政治和社会领域的活动后，经济、政治、社会方面的权力就会移交给年轻人，相当于给年轻人腾出了更多的空间和机会，使社会权力有序交接，进而减少了社会功能的受损，是符合社会发展的一种必要选择。这一脱离过程对老年人来说也是有益的，因为老年人随着年龄的增长，活动能力、生产能力下降，不再能达到原来的社会期望，老年人也希望摆脱这种状况，脱离原有社会，减少与社会的交往和活动，扮演比较次要的社会角色，回归平静的生活。

虽然脱离理论总结了老年人对社会角色关系变化的调适，有一定的合理成分，但它的局限性也十分明显。第一，该理论忽视了老年人之间的差异性。有些老年人希望退出积极的社会角色，而有些老年人愿意一直活跃于各种社会事务之中，退休后无所事事反而使他们感到空虚、抑郁，若强制所有老年人脱离社会，反而容易损害他们的身心健康。第二，该理论的前提是老年人的能力和对社会的贡献会随着年龄的增长而下降，这一观点存在明显的缺陷。健康老龄化、积极老龄化的许多研究表明，年老不一定就意味着疾病缠身、能力下降。在正常老化的情况下，老年人的各种器官组织在 70 岁后仍能保持与以前差别不大的功能，老年人的液化智力或许会有所衰退，但其晶化智力仍相对稳定[1]。老年人若保持健康的生活方式和乐观的心态，则极有可能长久地保持健康和头脑灵活。第三，随着人口平均预期寿命的延长，我们正逐渐步入长寿时代，老年人在退休后平均还有近二十年的生存期。从人力资本角度看，开发老年人的潜能，为老年人提供参与社会活动的机会，使老年人成为重要的人力资源，更有

---

① 梅陈玉婵，林一星，齐铱.老年社会工作：从理论到实践.2 版.上海：格致出版社，2017.

利于推动社会经济的发展。

六、延续理论

延续理论不再像活动理论与脱离理论那样笼统地强调所有老年人都应该保持活动或者脱离社会，而是认为老年期的生活方式存在连续性，早期的生活方式会延续到老年期，老年人如果能保持与以前一致的活动水平，就会对晚年生活感到满意、幸福。

延续理论强调的是个性对老年人适应衰老的重要作用，解释了老年人晚年生活的差异。不同的人有不同的个性，如果人们在中年的时候是活跃的、自信的、经常参与社会活动的，那么到老年时也会如此；如果人们在中年的时候是安静的、退缩的，那他们退休后就会更倾向于待在家里，而不是成为社会活动的积极分子。延续理论将老年人分为成熟型、摇椅型、装甲型、愤怒型、自我怨恨型五种性格结构，不同性格的老年人适应社会的能力有差异。一般而言，成熟型、摇椅型、装甲型老年人能成功适应老年生活，而愤怒型、自我怨恨型老年人则难以顺利适应老年生活。

延续理论面对的批评是，它假定人们进入老年期没有发展出新的对待生活的方式，忽视了个性和社会环境的变化。比如在青年、中年阶段忙于工作、频繁社交的人们，会不会在卸下生活重担后，更倾向于过轻松、安静的老年生活呢？又比如一位早年很喜欢外出活动的老年人，因为摔倒骨折而行动不便，那是否就意味着他一定会执着于外出活动而不是寻找新的娱乐方式，从而一直郁郁寡欢呢？

延续理论关注老年人的个性和生活方式的差异，启示老年社会工作者应有针对性地为老年人提供帮助。同时，老年社会工作者也要相信人和社会都是可以改变的，尽管老年人可能会面对生理、心理和社会生活方面的变化，但他们仍能在帮助下积极且合理地调整自己以适应新情况。

七、社会建构理论

社会建构理论超越了角色理论、活动理论、脱离理论和延续理论的局限性。它否认客观事实的存在，认为每个人的日常生活以及社会问题都是由社会建构的，人们对某一事件赋予意义，并以此意义为基础建立规范、开展活动。社会问题则是具有话语霸权的人对弱势群体的建构。

社会建构理论认为老年人自己建构出自己的社会意义，并以此为基础开展每天的生活。每个老年人建构的现实不同，并且这些现实随时间而改变，因而没有适用于所有人的"固定现实"。老年人建构的这些现实解释了他们行为的动机，只要理解老年人建构的现实，就能预测老年人将如何行动。例如，老年人如果认为老年期是人生中最空闲、富有、无压力的年龄段，应该去完成过往没时间、没机会做的事情，就更有可能过上丰富多彩的晚年生活。老年人如果认为晚年生活应该少点活动以保障安全，就更有可能安静地待在家中，比较少外出。社会建构理论为老年社会工作实务提供了新的理论视角，但它没有提供系统具体的实务方法，对于使用者的分析能力要求较高。

社会建构理论反对根据专业术语简单地对老年人进行归类、介入和治疗。它较少关注老年人如何适应老化，也不致力于建立一套调整个人来适应老年生活的共同标准，而是着眼于了解老年人自己对生活世界的理解，从老年人个体的视角来看待他的生活经历，并理解他对此如何赋予意义。在社会建构理论的指导下，社会工作者应该关注老年人生活意义的建构方式，从而制订与老年人世界观一致的服务计划，而不是基于专家、权威者的角色将专业性目标强加在老年人身上。

八、生命历程理论

生命历程理论认为，人的发展是一个长期、多方向、多可能的过程，而不是由生命历程中的某个阶段决定的，老年期是生命历程中的最后一个阶段。与其他基于个人视角的理论不同，生命历程理论基于社会环境、历史事件、文化背景和社会地位来解释老化过程，强调社会环境和个体特质的交互作用使不同的老年人形成不同的生命轨迹。

生命历程理论强调四个概念：一是时空性，强调老年人的生活经历受到社会历史时期和地域空间的影响，不同的时代、社会背景、同辈群体会塑造出不同的个人或群体的老化过程。二是相互依存的生命，强调人与人的关联和相互影响。每个人都不是独立存在的，而是嵌套于具体的社会关系之中的，社会和历史的影响就通过这一关系网络表现出来。三是生命的时机，某个事件对老年人产生影响的性质和程度，取决于这个事件发生的时间在老年人整个生命历程中的位置，事件发生时间的重要性甚至超过事件本身。四是个体能动性，强调虽然老年人的行为受社会环境的形塑作用，但老年人仍能发挥主观能动性，设定目标，开展行动，充分利用能获得的资源，实现人生价值。

生命历程理论启示老年社会工作者，要重视老年人所经历的社会历史和所处的社会环境对老年人目前处境的影响，增强老年人的社会支持网络，并通过检视老年人一生的经历，帮助老年人发掘自身的优势和潜能，增强老年人的信心，促进老年人达成自我实现。

九、生态系统理论

生态系统理论认为，个体发展是一个与周围环境相互作用、密切互动的过程。生态系统理论将人的生态系统划分为微观系统、中观系统、外生系统和宏观系统。微观系统是个体直接接触的系统，如家庭、学校、同辈群体等；中观系统是两个或多个微观系统之间的互动关系，既影响着个体直接接触的系统，也影响着个体在不同系统之间的转换，如学校与家庭的联系；外生系统是不直接接触个体，但可以对个体产生直接或间接影响的系统，如社区组织、大众传媒等；宏观系统是个体所处的整个社会环境，如价值观念、风俗习惯、经济结构、政策法规等。

生命模式是将生态系统理论应用于社会工作领域的干预模式。生命模式认为个体与环境是相互影响的，个体通过与环境进行交换来适应环境并发展自身。在这个过程中，人们会遇到由生活转型、人际关系紧张等造成的压力，会评估压力的严重性，然后寻找应对问题的资源。生态系统理论强调人与环境的相互作用，它的系统模型和干预模式为老年社会工作者理解老年服务对象所处的环境以及对服务对象问题进行干预提供了很好的思路。它启示老年社会工作者一方面要提高老年人应对环境压力的能力，另一方面要创造支持型、滋养型的社会环境，使老年人能充分利用资源以应对压力事件。

生态系统理论将个体行为放在社会环境中去看待，认为人的行为受个体因素、环境因素以及个体与环境互动情况的影响。这种将所有因素都包含进去的理论，必然会失去"重点"或"针对性"。生态系统理论也不像行为主义有行为矫正疗法或认知理论有理性情绪疗法一样，它缺乏科学的改变行为的步骤和方法，因此更多是一种理论框架而不是实务干预方法。

十、健康老龄化与积极老龄化

在过去，人们常把老化与疾病、伤残、死亡联系在一起，认为绝大部分老年人是孱弱的、抑郁的、消极的。健康老龄化概念的提出扭转了这一观点。健康老龄化理论认为，老化分为正常老化和疾病老化。正常老化是老年人进入老年期后面临的一些生理转变，比如出现白头发和皱纹，这部分老化虽然不能逆转但能延缓，这些都是正常的生理变化而非代表着疾病。在正常老化的状态下，老年人能保持与以前差别不大的状态和能力。老年人如果能保持健康的生活方式和乐观的心态，积极调整自身，就能适应这些正常的生理转变，过上健康、快乐和有意义的生活。健康老龄化要求从整体上促进老年人的健康，充分发挥老年人的体力、才能、智力、社会、情感和精神方面的潜能。因此，健康老龄化的"健康"并不单单指身体健康无疾病，还强调心理、智力、社会等多方面功能的良好。

相较健康老龄化，积极老龄化是更全面、更具有概括性的概念。它是指在老年人老化的过程中，最大限度地实现"健康""社会参与"和"安全保障"，以提高老年人的生活质量[①]。积极老龄化不单着眼于老年人的身体健康，更强调老年人能持续参与社会、经济、精神和文化活动。积极老龄化认为，哪怕是有疾病或伤残的老年人，也可以发挥能力为家庭、社区、社会做出贡献。例如，现如今仍有许多退休老年人继续承担着照顾家庭、养育孙辈和参加志愿服务的责任，为社会贡献自己的力量。积极老龄化不是要取代健康老龄化，而是把老年人参与作为重要一环与健康地老化、有保障地老化结合起来，既为有需要的老年人提供保障和照护，又使老年人发挥自己的潜能，按照自己的需要、愿望和能力参与社会，达成"老有所为"的目标。

积极老龄化的"积极"强调的是社会参与——不仅仅是参与体力劳动，更是深入参与社会、经济、精神、文化和公民事务。积极老龄化体现了独立、参与、尊严、照料和自我实现的原则，它不是出于同情、关爱等人道主义精神，而是在尊重老年人人权的基础上发展起来的。这就使老年社会工作的重点从"以需要为基础"转变为"以权利为基础"，改变了我们过去看待老年群体的问题视角，既有利于促进老年人的自我实现，又有助于平衡个人责任和社会责任，缓解因社会福利开支不断增加而造成的压力。

[①] 梅陈玉婵，林一星，齐铱.老年社会工作：从理论到实践.2版.上海：格致出版社，2017.

第三节　老年社会工作的常用方法

一、老年个案工作

老年个案工作通过个别化的、一对一的、面对面的工作方式，为老年服务对象提供服务。社会工作者能与老年人一对一地接触，因而能详细且深入地了解老年人的情况，较容易地建立起密切的专业关系，更快地取得老年人的信任和配合，从而帮助老年人或老年人家庭摆脱困境，达到与社会的良好适应。

老年个案工作较为常用的两种方法是缅怀往事疗法和人生回顾。缅怀往事疗法也称怀旧疗法，是社会工作者协助老年人重温过去正向的事件和经验，重新感受事件和经验带来的快乐和满足感，使老年人可以重新审视自己的人生。这一过程有助于增强老年人的自尊，让其可以坦然面对死亡，而非对自己的人生感到失望、沮丧。缅怀往事疗法对于治疗老年人的抑郁症、提高老年人的自尊水平、改善老年人的社交技巧都有积极的影响，但对于有严重认知障碍或因身体和精神状况而不能集中注意力的老年人可能效果不佳，比如对于患有阿尔茨海默病或有其他严重精神问题的老年人效果不甚明显。

人生回顾是对缅怀往事疗法的进一步深化，它常常和缅怀往事疗法一并被提及，但它们是不同的。当使用缅怀往事疗法回忆过去的经历时，一些过去尚未解决的冲突和事情也会浮现出来，但它只聚焦于正向的事件和经验，它的目的不是帮助老年人解决遗留的冲突和遗憾，而是改善老年人的情绪状态。人生回顾则不仅回忆正向的事件和经验，也回忆负向的事件和情绪。老年人在社会工作者的指导下，详细、系统地倾诉一生的经历，包括成功和失败的经历，识别出过去未能解决的问题或未妥善处理的矛盾。社会工作者帮助老年人化解这些矛盾、弥补遗憾，使老年人释怀并达到心灵的平静。通过回忆，老年人重新评价自己的一生，获得对人生的积极看法，从而能更有建设性地利用余下的时间。

二、老年小组工作

老年小组工作是将两个以上具有共同需求或相似问题的老年人组织在一起，进行带有互动互助性质的活动。通过组员间的交流互动，老年人既能学习他人的经验知识来解决自己的困难，也能缓解或摆脱孤独、抑郁的情绪。

现实辨识小组和动机激发小组是两种专门应用于老年小组工作的方法。现实辨识小组是为有轻度到中度认知混乱的老年人提供的指导和支持服务。社会工作者会在环境中设置一些提示，组织老年人进行多次记忆训练，让头脑混乱的老年人记住现实的时间、方位以及能辨认出人和事物，从而增强老年人的自立能力并延缓老年人记忆的丧失。现实辨识小组更适用于处于认知障碍、痴呆症早期阶段，并且急切希望获得现实感的老年人。对于已经进入痴呆症晚期阶段、强烈拒绝回归现实世界的老年人，现实辨识小组能发挥的作用不大。对于后一种老年人，使用验证疗法进行干预更为合适。

动机激发小组的目的是"刺激和激活那些不再对眼前或将来感兴趣或投入的人"①。动机激发小组要求参与者有一定的认知能力、听力和语言表达能力。小组会聚焦在让人愉悦的活动上，而不是让老年人想到负面的关系、健康问题或无望的事情。社会工作者鼓励老年人参加小组，使老年人重新与他人建立联系，将过去愉快的经历和经验与现在和将来的事实结合起来，让老年人找到将来生活的希望，从而走出自己灰色的世界和悲伤抑郁的情绪，学习新的社会技能，获得新的社会角色，进而重新获得把握生活的感觉。

三、老年社区工作

在老年社区工作中，社会工作者通过改善老年人所处的社区环境，增强老

---

① 迪特里克.老年社会工作：生理、心理及社会方面的评估与干预（第二版）.北京：中国人民大学出版社，2008.

年人与社区的关系，强化老年人的社会支持网络，畅通老年人社区参与的渠道，从而提高老年人的生活质量并增强老年人的社会参与能力。老年社区工作既能利用社区资源满足老年人的需求，又能发挥老年人的能力，使老年人能利用他们的时间、精力或知识经验助力社区的发展。

社区照顾是老年社区工作的模式之一，它具有长期照顾、去机构化、重视非正式支持系统、倡导以需求为导向的服务、强调服务对象的参与性和选择权的特点[1]。社会工作者在社区照顾中的主要工作是资源调动、社区联络、社区教育和社会照顾训练[2]。但由于专业机构和专业人员的稀缺，以及相应的社区照顾政策和资源的不足等，作为社区社会工作模式之一的社区照顾在实务过程中仍存在许多困境。

老年社区工作中比较特别的是老年友好型社区营造。老年友好型社区是能够为有不同需求和能力的老年人提供支持性环境和援助性服务的社区，在社区中，社会工作者积极利用干预措施尽量延长老年人的独立时间，保持老年人的最佳活动和参与水平[3]。

近年来，我国老年友好型社区的建设取得了长足进步。2020年12月，国家卫生健康委员会、全国老龄工作委员会办公室联合发布《关于开展示范性全国老年友好型社区创建工作的通知》，提出到2025年，要在全国建成5 000个示范性城乡老年友好型社区。2021年6月，国家卫生健康委员会制定了《全国示范性老年友好型社区评分细则（试行）》，在居住环境安全整洁、出行设施完善便捷、社区服务便利可及、社会参与广泛充分、孝亲敬老氛围浓厚、科技助老智慧创新、管理保障到位有力、特色亮点八个领域，分别提出了城镇地区和农村地区全国示范性老年友好型社区的评估指标。

---

① 李伟峰，梁丽霞.浅析老年人社区照顾及其对中国的本土实践启示.人口与发展，2008（3）.
② 周沛.社区照顾：社会转型过程中不可忽视的社区工作模式.南京大学学报（哲学·人文科学·社会科学版），2002（5）.
③ 于一凡，朱霏飏，贾淑颖，等.老年友好社区的评价体系研究.上海城市规划，2020（6）.

老年社会工作是老年友好型社区建设的重要力量，社会工作可以从以下几个方面介入老年友好型社区的营造。第一，促进老年友好的社区基础环境建设，包括社区住房、户外环境、交通的适老化改造；第二，提供高质量的养老和卫生保健服务；第三，营造养老孝老敬老的社区氛围，增强老年人的社会支持网络，为老年人创造社区参与的机会和条件。

四、老年社会行政

老年社会行政是一种间接的老年社会工作方法，是指政府福利部门或社会服务机构按照行政程序，协调利用各种资源，将老年社会福利政策转化为具体的老年社会服务，实现特定福利目标的活动。以往的研究更关注老年社会政策的制定而忽视老年社会政策的实施过程即老年社会行政。实际上，只有老年社会行政的各环节准确地执行，有需要的老年人才能精准地接收到社会服务，从而实现社会福利提升的目标。

社会行政的实施要件包括社会政策、社会福利资源、社会服务机构、社会工作行政人员和社会服务人员等[1]。具体到老年社会工作领域，在社会政策方面，社会工作者要深入了解和掌握国家关于老年人权益保障、养老保障、医疗保健、社会参与等方面的法律法规和政策文件。这不仅有助于为老年人提供符合政策导向的服务，还能确保服务的合法性和可持续性。在社会福利资源方面，社会工作者应树立"老年视角"，站在老年人的角度思考老年人的需求和问题，有针对性地向老年群体提供资源。社会工作者既要提供物质性资源，又要提供服务性资源。提供的资源既要保障弱势老年群体的基本物质生活，又要满足广大老年人普遍的、精神的需求。在社会服务机构方面，我国老年社会服务机构较多，社会工作者要协调各个老年社会服务机构之间的合作，使不同老年社会

---

① 王思斌. 社会行政. 北京：高等教育出版社，2006：24-28.

服务机构能更好地承担责任和发挥功能，从而形成一股强大的合力以更好地服务老年群体。在社会工作行政人员和社会服务人员方面，由于他们处于社会行政的最末端，其服务效果直接影响到政策结果，因此要加大对他们的培训力度，提升他们的专业知识、方法和技巧，使社会福利资源更有效地传递到有需要的老年人手中。

五、老年社会政策

老年社会政策是另一种间接的老年社会工作方法。老年社会政策是由公共权威机构制定，在市场之外以非等价交换或无偿的社会供给方式，向有需要的老年人及其家庭提供物质或非物质资源，以保障老年人基本生活、增进老年人个人福利和社会福利的政策。社会工作的专业特性使得社会工作者能直接接触具体的老年群体，进而能更好地了解老年人的需求与问题，因此社会工作者可以依托老年人真实的需求和问题进行政策倡导，向政府职能部门直接反馈问题，从而影响到政策制定与完善。因此，老年社会工作是老年社会政策的服务传递体系，二者之间是相互影响、相互促进的关系。一方面，老年社会工作的运行需要老年社会政策的资金支持和政策指导；另一方面，老年社会政策的制定、实施与修改也需要社工机构和社会工作者的积极参与。

积极老龄化视角要求老年社会工作者在看待和执行社会政策时，要注重发掘老年人的优势与潜能，使老年人能动用自己的力量与社会支持网络来解决自己的问题，甚至为社会做出新贡献；要重视"健康、参与、保障"三大方面的社会政策，致力于减少老年人进行社会参与的障碍并鼓励老年人积极参与社会活动、保障老年人的物质需求与精神需求。

2021年11月18日，《中共中央国务院关于加强新时代老龄工作的意见》发布，从健全养老服务体系、完善老年人健康支撑体系、促进老年人社会参与、着力构建老年友好型社会、积极培育银发经济、强化老龄工作保障和加强组织实施等方面，对新时代老龄工作做出了部署。2021 年 12 月 30 日，国务院印发《"十四五"国家老龄事业发展和养老服务体系规划》，明确了"十四五"时期老龄事业和产业发展、养老服务体系发展的总体要求、主要目标和工作任务。

我国积极应对人口老龄化的社会政策为老年社会工作实务提供了政策指导。首先，老年社会保障和养老服务体系建设是社会工作服务于老龄事业的基本点，老年社会工作应以需求为导向，为老年人提供高质量的医疗和照顾资源，使老年人保持身体健康。其次，老年社会工作在促进老年人社会参与上有独特的专业优势，社会工作者可以凭借其独特的专业理念和累积经验，搭建老年人的社会支持网络，增强老年人的权能，为老年人参与社会创造机会和条件。最后，老年社会工作可以参与老年产业和银发经济的发展，为老年产业的服务标准、质量规范的制定提供参考意见，同时可以与提供养老、医疗健康服务的相关企业合作，为老年人提供更全面、多样的服务，满足老年人的不同层次的需求。

第二章 | 人口老龄化与老年社会工作

人口老龄化是人口发展的必然规律，也是经济社会发展的趋势，人口年龄结构的持续老化影响社会的可持续发展。人口老龄化是老年社会工作的时代背景，而老年社会工作在应对人口老龄化带来的问题中，扮演着"综合服务"供给的角色，不仅可以鼓励更多老年人积极融入社会、共享发展成果，而且可以保障老年人有尊严地享受老年生活。本章分三节，结合人口普查和抽样调查数据，梳理我国人口老龄化现状与特征，分析人口老龄化背景下老年群体特征的变化，阐释人口老龄化背景下老年社会工作的机遇和挑战。

第一节　我国人口老龄化现状与特征

国际上通常认为，当一个国家或地区 60 岁及以上老年人口占总人口的 10%或 65 岁及以上老年人口占总人口的 7%，即意味着这个国家或地区处于老龄化社会阶段。2000 年第五次全国人口普查数据结果显示，我国 60 岁及以上老年人口占总人口的 10.33%，表明我国于 21 世纪初已步入老龄化社会。随着老年人口规模的扩大和老龄化进程的加快，经济、文化和政策对老年人口队列的影响加深，老年群体的需求日益多元化、复杂化。高龄化趋势的加重对养老、医疗和老年服务提出了更高的要求。人口老龄化的城乡差异也要求因地制宜地开展老年社会工作。

党的十九届五中全会明确提出实施积极应对人口老龄化的国家战略，《中华人民共和国国民经济和社会发展第十四个五年规划和2035年远景目标纲要》进一步以"实施积极应对人口老龄化国家战略"为标题设立章节，把"制定人口长期发展战略，优化生育政策，以'一老一小'为重点完善人口服务体系，促进人口长期均衡发展"等，作为"十四五"时期经济社会发展的重要任务，明确提出推动实现适度生育水平、健全婴幼儿发展政策、完善养老服务体系等重要举措。2021年印发的《中共中央国务院关于加强新时代老龄工作的意见》以健全养老服务体系、完善老年人健康支撑体系、促进老年人社会参与、着力构建老年友好型社会、积极培育银发经济、强化老龄工作保障和加强组织实施等为抓手进行部署。2021年国务院印发的《"十四五"国家老龄事业发展和养老服务体系规划》，将推动养老服务体系高质量发展与推动老龄事业和产业协同发展作为两条主线。这些政策对开展老年社会工作做出了方向指导，提供了政策支撑。

一、我国人口老龄化现状

（一）老年人口规模和比例

2020年第七次全国人口普查数据显示，我国60岁及以上人口为26 402万人，占18.70%，其中65岁及以上人口为19 064万人，占13.50%。与2010年相比，60岁及以上人口比例上升了5.44个百分点，65岁及以上人口比例上升了4.63个百分点。从2000年到2010年，60岁及以上人口比例提高了2.93个百分点，65岁及以上人口比例提高了1.91个百分点（见表2-1）。因此，与上个10年相比，近10年老年人口比例上升的百分点分别提高了2.51和2.72，这意味着我国人口老龄化进程明显加快。2020年，我国0～14岁人口为25 338万人，占总人口的17.95%，60岁及以上人口为26 402万人，占18.70%。这是第一次 60 岁及以上老年人口数量超过了 0～14 岁少年儿童人口数量,这也意味着我国人口年龄结构发生了根本性转变。

表 2-1　历次全国人口普查各年龄段人口数量和比例

单位:万人、%

年份	0～14 岁		15～59 岁		60 岁及以上		65 岁及以上	
1953 年	21 137	36.28	32 859	56.40	4 265	7.32	2 569	4.41
1964 年	28 262	40.69	36 938	53.18	4 258	6.13	2 473	3.56
1982 年	33 865	33.59	59 271	58.79	7 682	7.62	4 950	4.91
1990 年	31 392	27.69	72 261	63.74	9 716	8.57	6 315	5.57
2000 年	28 453	22.89	82 811	66.78	12 998	10.33	8 827	6.96
2010 年	22 132	16.60	93 389	70.14	17 759	13.26	11 893	8.87
2020 年	25 338	17.95	89 238	63.35	26 402	18.70	19 064	13.50

　　资料来源:人口比例出自《2020 年第七次全国人口普查主要数据》第 9 页"历次普查人口年龄构成"。2000 年、2010 年、2020 年人口数量根据国家统计局网站统计数据中的普查数据计算而来;1953 年、1964 年、1982 年、1990 年人口数量根据《2020 年第七次全国人口普查主要数据》第 4 页"历次普查全国人口"计算而来。

　　老年人口比例正在加速增长,年平均增长速度从 1982—1990 年的 1.61% 上升到 2010—2020 年的 4.29%,预示着人口老龄化正在加速。比较美国、德国、日本、中国的 65 岁及以上人口占各国总人口比例的变化情况可以发现,美国 65 岁及以上人口比例从 7% 提高到 14% 用了 72 年,德国用了 40 年,日本用了 24 年[1],而中国仅用了 21 年,可见中国的人口老龄化速度更快。我国人口年龄结构整体老化趋势在不断加剧,整体老化(即人口平均年龄增长)速度在 1990—2000 年间达到最高,为 1.21%,此后开始下降,2000—2010 年和 2010—2020 年该数据分别为 1.06%,0.72%,虽然速度有一定下降,但整体老化的方向不会改变[2]。

---

[1]　谢立黎,安瑞霞,汪斌.发达国家老年照护体系的比较分析:以美国、日本、德国为例.社会建设,2019,6(4).

[2]　乔晓春.从"七普"数据看中国人口发展、变化和现状.人口与发展,2021,27(4).

（二）老年人口的年龄结构

随着医疗技术进步、人口平均预期寿命延长，在老年人口数量增长的同时，高龄老年人口也不断增加，老年人口年龄结构呈现出高龄化趋势。2000—2020年，低龄（60～69岁）老年人口比重持续下降，从2000年的58.84%下降到2020年的55.83%，下降了3.01个百分点；中龄（70～79岁）老年人口比重先升后降，相对平稳；高龄（80岁及以上）老年人口比重逐步上升，增长速度较快，从2000年的9.23%上升到2020年的13.56%，增长了4.33个百分点（见表2-2）。这表明，老年人口金字塔的底部持续收缩，而顶部及中部呈扩大趋势。有研究预测了我国21世纪高龄老年人口的变动趋势：高龄老年人口数量整体上呈现增长态势，预测2035年、2050年、2065年我国高龄老年人口数量分别可达约6 100万人、超1.1亿人、近1.27亿人，这使得我国未来一个时期将持续保有世界上最大的高龄老年人口规模，亦使得我国未来一个时期人口老龄化与人口高龄化的两重波浪式演进相交织[①]。

表2-2　2000—2020年中国老年人口年龄构成状况

单位：%

年份	60～69岁	70～79岁	80岁及以上	合计
2000年	58.84	31.93	9.23	100.00
2010年	56.18	32.00	11.82	100.00
2020年	55.83	30.61	13.56	100.00

资料来源：2000年和2010年数据根据国家统计局网站统计数据中的普查数据计算而来；2020年数据根据第七次全国人口普查汇总数据计算而来。

（三）老年人口的性别结构

在2000年、2010年、2020年的三次全国人口普查中，我国60岁及以上

---

① 杜鹏，李龙.新时代中国人口老龄化长期趋势预测.中国人民大学学报，2021，35（1）.

女性老年人口比例均高于男性老年人口，其中，2000 年高 2.48 个百分点，2010 年高 1.98 个百分点，2020 年高 3.5 个百分点（见表 2-3）。人口平均预期寿命是影响两性人口数量和比例的重要因素，自新中国成立以来，人口死亡率持续下降，人口平均预期寿命持续上升，且女性的平均预期寿命高于男性。这就意味着同年出生的一批人随着年龄的增长，男性比重逐渐减小，性别比逐渐下降，使老年人口中女性人口的数量明显多于男性。平均预期寿命的性别差异奠定了老年人口性别比相对偏低的基础，导致我国老年人口的性别结构呈现出"老龄人口女性化"的特征。在 21 世纪前半叶，女性老年人口的增速要快于男性老年人口，老年人口性别结构的失衡会加剧，预计到 2050 年，女性老年人口将比男性老年人口多出 4 200 万人[①]。

表 2-3　2000—2020 年中国 60 岁及以上老年人口性别构成状况

单位：万人、%

年份	男性		女性	
	数量	比例	数量	比例
2000 年	6 338	48.76	6 660	51.24
2010 年	8 707	49.01	9 058	50.99
2020 年	12 738	48.25	13 664	51.75

资料来源：2000 年和 2010 年数据根据国家统计局网站统计数据中的普查数据计算而来；2020 年数据根据第七次全国人口普查汇总数据计算而来。

（四）老年人口的城乡分布

尽管从历史上看，城市人口生育率大大低于农村人口生育率，但是由于存在大量省内或跨省的从乡村向城镇的人口流动，最终我国乡村的老龄化水平明显高于城镇的老龄化水平[②]。从全国整体情况来看，2020 年城镇人口中老年人口

---

①　杜鹏，李龙.新时代中国人口老龄化长期趋势预测.中国人民大学学报，2021，35（1）.
②　乔晓春.中国区域老龄化水平和养老服务重点人群的估计.社会工作，2022（3）.

比例为 15.85%，乡村人口中老年人口比例为 23.81%，相当于在乡村约每 4 个人中就有 1 个老年人，乡村老年人口占比高出城镇 7.96 个百分点（见表 2-4）。女性老年人口比例略高于男性，且乡村差距大于城镇差距。一般来说，经济相对发达的城镇生育率低、平均预期寿命长，老龄化水平更高。但由于我国存在大量的流动人口，因而出现了人口老龄化水平的城乡倒置，即相对欠发达的乡村地区老龄化水平更高。

表 2-4　2000—2020 年中国老年人口城乡分布情况

年份	年龄段	类别	占各类别总人口比例（%）		
			总体	男	女
2000 年	60 岁及以上	城镇	9.54	9.09	10.02
		乡村	10.92	10.31	11.56
	65 岁及以上	城镇	6.28	5.89	6.70
		乡村	7.50	6.82	8.23
2010 年	60 岁及以上	城镇	11.69	11.13	12.27
		乡村	14.98	14.40	15.59
	65 岁及以上	城镇	7.80	7.32	8.30
		乡村	10.06	9.46	10.69
2020 年	60 岁及以上	城镇	15.85	14.87	16.86
		乡村	23.81	22.47	25.25
	65 岁及以上	城镇	11.14	10.28	12.03
		乡村	17.72	16.45	19.10

资料来源：根据国家统计局网站统计数据中的普查数据计算而来。

二、我国人口老龄化的特征

（一）老年人口规模大

根据第七次全国人口普查数据，我国 60 岁及以上人口约为 2.6 亿人，其中，

65 岁及以上人口约为 1.9 亿人。在全国 31 个省份（不含港澳台）中，有 16 个省份的 65 岁及以上人口超过了 500 万人，其中，有 6 个省份的 65 岁及以上人口超过了 1 000 万人。规模庞大的老年人口是老年社会工作的服务对象，老年社会工作运用社会工作专业方法与技巧可以有针对性地满足老年群体生存和发展的需要。

（二）老龄化速度快

自新中国成立以来，随着经济发展、社会进步、人民生活水平提高，妇女总和生育率持续下降（2020 年我国育龄妇女总和生育率为 1.3），人口平均预期寿命不断延长，我国人口老龄化形势日益严峻[①]。自 2016 年开始实施"全面两孩"生育政策以来，年人口增长量未如预期大幅增长，人口年平均增长率由 2000—2010 年的 0.57% 降低到 2010—2020 年的 0.53%，而老年人口比例迅速上升，人口老龄化程度进一步加深。总体上来看，我国人口正处在从正增长向负增长变化的转折点，未来面临的将是长期的人口负增长，人口老龄化也将继续"跑步前进"。明显加快的老龄化进程要求不能将注意力都集中在与年龄有关的衰弱和丧失上。老年社会工作可以运用优势视角看待老年群体，从增能赋权的角度重新审视老年群体的优势和需要，积极挖掘社会资源，倡导社会参与，鼓励老年群体充分发挥主观能动性，按个人的意愿、需求和能力参与社会生活。

（三）高龄化趋势加剧

2020 年，我国 80 岁及以上高龄老年人口占总人口的比重达到 2.54%。在 60 岁及以上老年人口中，高龄老年人口占比在 2000 年为 9.23%，2010 年增至 11.82%，2020 年已达到 13.56%，老年人口高龄化现象日益凸显。与此同时，低龄老年人口仍占多数，但比重缓慢下降。2020 年，60～69 岁低龄老年人口占

---

① 马凤芝，陈海萍.基于时空视角的健康老龄化与社会工作服务.社会建设，2020，7（1）.

60 岁及以上老年人口的比重达到 55.83%，与 2010 年差异不大，比 2000 年下降约 3 个百分点。高龄老年人口的绝对规模也在不断攀升，2020 年已达到 3 580 万人。随着人口平均预期寿命的不断延长，老年人口高龄化趋势在未来也将更加显著。相比低龄老年人，高龄老年人在生活照料和医疗服务利用方面有更高的需求，且更可能面临疾病、丧偶、贫困等挑战[①]。老年社会工作可以满足高龄老年人复杂的健康照料需求，特别是在预防性健康照料、日常保健、慢性病管理、长期照顾等方面。老年社会工作可以运用相对成熟的理论方法、实务技巧、各类社会资源和社会关系网络增强高龄老年群体的生活幸福感和获得感。

（四）城乡间差异明显

老年人口的规模及其增速存在较大城乡差异。2000 年，城镇有 0.44 亿老年人口，乡村有 0.86 亿老年人口；2010 年，城镇与乡村的老年人口规模分别为 0.78 亿人和 0.99 亿人；2020 年，城镇与乡村的老年人口规模分别增至 1.43 亿人和 1.21 亿人，城镇的老年人口总数首次超过乡村。2000—2010 年，城镇与乡村的老年人口规模年均增长率分别为 5.89% 和 1.42%；2010—2020 年，城镇与乡村的老年人口规模年均增长率分别为 6.25% 和 2.03%。在近两个十年中，城镇的老年人口增速明显快于乡村。从比例来看，2000 年乡村老年人口比例比城镇老年人口比例高 1.38 个百分点，2010 年高 3.29 个百分点，2020 年高 7.96 个百分点，乡村人口老龄化程度与城镇人口老龄化程度的差距进一步加大。一方面，从乡村流出大量中青年人口导致城镇常住人口中老年人口比例下降；另一方面，乡村越来越多的留守老年人导致了乡村老年人口比例明显高于城镇。老年社会工作在积极应对老龄化、促进乡村振兴中有充分的参与和发展空间，社会工作的参与能够更好地实现乡村建设水平的提高，成为乡村振兴的重要建设力量。作为服务对象与政府之间的"桥梁"，老年社会工作可以通过总结本土化

---

① 杨涵墨．中国人口老龄化新趋势及老年人口新特征．人口研究，2022，46（5）．

经验，为社会政策的制定、优化提供合理化建议，更好地促成多元社会力量合作的乡村振兴体系①。

（五）老龄化先于现代化

纵观 21 世纪，我国人口老龄化将分为快速人口老龄化阶段（2000—2022年）、急速人口老龄化阶段（2022—2036年）、深度人口老龄化阶段（2036—2053年）、重度人口老龄化平台阶段（2053—2100年）。随着老年人口规模日益扩大，老龄问题将日益凸显，到 21 世纪中叶我国将成为世界上人口老龄化形势最严峻的国家②。有研究指出，随着第二次和第三次出生高峰形成的人口队列相继步入老年期，2035年基本实现现代化与2050年建成现代化强国前夕的两个时间段预计都将是人口老龄化持续快速推进的阶段③。2035年基本实现现代化前夕，预计老年人口的总体规模为4.12亿人，占总人口的比例为近30%。2050年建成现代化强国前夕，预计老年人口的总体规模为4.80亿人，直逼峰值水平，占总人口的比例超过35%。由于我国人口老龄化超前于现代化，"未备先老"和"未富先老"的特征日益凸显。社区养老、院舍养老在我国发展迅速，老年社会工作是实现传统照料模式向社会化照料模式过渡和转型的重要力量。我国在人均收入相对较低的情况下步入老龄化社会，面对这种社会治理的考验，老年社会工作可以与政府、市场、社会同向发力，不断丰富老龄服务资源、健全老龄政策体系，实现"老有所养，老有所医，老有所教，老有所学，老有所为，老有所乐"的目标。

---

① 刘艺，蒲威东.乡村振兴：农村老龄化与社会工作介入：以山东省W市H村为例.扬州大学学报（人文社会科学版），2020，24（1）.
② 总报告起草组，李志宏.国家应对人口老龄化战略研究总报告.老龄科学研究，2015，3（3）.
③ 杜鹏，李龙.新时代中国人口老龄化长期趋势预测.中国人民大学学报，2021，35（1）.

第二节　人口老龄化背景下老年群体特征的变化

人口老龄化带来的不仅仅是老年人口规模和比例的上升，伴随着社会经济发展与老年群体队列的更替，老年群体的社会人口特征也在发生变化。这些变化意味着老年社会工作的服务对象并不是一成不变的，老年人的群体特征在变化，相应的需求在变化，从而使得老年社会工作的工作内容和工作方式也会随之变化。本节将使用人口普查数据来展现老年群体特征的变化情况。

一、健康状况

从 2000 年中国人口类型转变为老年型之后，人口老龄化进程加快及其社会经济影响引起了政府和社会的日益关注。伴随着老年人口数量的增长和老年人口的高龄化，关注的焦点从以往人口寿命的长度转向老年阶段的生命质量。老年人的健康状况会影响老年人的养老方式、居住方式、医疗费用，我国面临的各种老年人问题突出反映在生活不能自理的老年人身上及其家庭中[1]。

第七次全国人口普查数据表明，我国老年人口总体健康状况较好，绝大多数老年人处于健康状态。在 60 岁及以上老年人中，有 54.64% 的老年人自评身体健康，有 32.61% 的老年人自评身体基本健康，自评身体"健康"和"基本健康"的老年人占老年人总体的 87.25%。与 10 年前相比，老年人自评身体"健康"和"基本健康"的比例显著提高，城镇老年人的这一比例从 87.69% 提高到 90.15%，乡村老年人的这一比例从 79.74% 提高到 83.90%。

虽然生活不能自理的老年人占比很低，但由于我国人口基数大，失能老年人的长期照护需求的满足仍然面临巨大挑战。有研究显示，近十年老年人口预

---

[1]　杜鹏. 中国老年人口健康状况分析. 人口与经济，2013（6）.

期余寿的增加伴随着生活不能自理生存期的微弱提升[①]。因此，在高龄老年人中生活不能自理者的所占比例明显提高：85～89岁老年人中这一比例上升为9.66%，90～94岁老年人中这一比例进一步提高到16.46%，95～99岁老年人中这一比例陡增到23.51%，而100岁及以上老年人中生活不能自理者更是接近三分之一，所占比例达到31.05%。

老年人的健康状况存在性别和城乡差异。男性老年人的自评健康状况好于女性老年人，尤其是在80岁以后，随着年龄的增大，女性老年人生活不能自理的比例与男性老年人的差距越来越大。这主要是由于女性的平均预期寿命比男性更长，所以其带残生存的风险相对更高。因此，高龄女性老年人的长期照护需求应受到特别关注。城镇老年人的自评健康状况好于乡村老年人，2020年，城镇不能自理的老年人的所占比例为2.16%，乡村为2.55%。虽然老年人口健康状况的城乡差距有一定缩小，但受限于养老和医疗资源，乡村老年人的照护问题仍然是我国养老问题中最大的短板（见表2-5）。

二、婚姻状况

婚姻状况与老年人的心理和生理健康、生活满意度、幸福和安康息息相关。一直以来，由于我国人口的结婚率很高，人们在进入老年期以后有配偶的比例也相应较高，夫妻之间的相互支持是很多老年人晚年社会支持的主要来源。但在高龄化日益显著的进程中，随着老年人余寿的延长，老年人特别是高龄老年人丧偶的风险在不断加剧，丧偶使得老年人对其他社会支持方式的需求更为突出[②]。

数据显示，2020年有配偶的老年人占老年人总数的75.21%，比2000年提

---

① 王晓军，黄子航，秦澄莹. 人口老龄化下的寿命延长伴随健康水平下降吗?. 保险研究，2022（7）.
② 孙鹏娟. 中国老年人的婚姻状况与变化趋势：基于第六次人口普查数据的分析. 人口学刊，2015，37（4）.

表2-5 2010—2020年中国老年人口健康状况

年份	年龄段	类别	健康、基本健康（%）			不健康、但生活能自理（%）			不健康、生活不能自理（%）		
			总体	男	女	总体	男	女	总体	男	女
2010年	60岁及以上	全国	83.15	85.11	81.28	13.90	12.37	15.36	2.95	2.52	3.35
		城镇	87.69	89.11	86.36	9.86	8.69	10.95	2.45	2.20	2.69
		乡村	79.74	82.17	77.40	16.94	15.08	18.74	3.32	2.75	3.86
	65岁及以上	全国	78.23	80.62	76.04	17.80	16.00	19.46	3.97	3.38	4.50
		城镇	84.03	85.90	82.35	12.63	11.14	13.97	3.34	2.97	3.68
		乡村	73.91	76.73	71.28	21.66	19.58	23.59	4.43	3.69	5.12
	80岁及以上	全国	60.25	63.79	57.75	29.30	27.52	30.56	10.45	8.69	11.69
		城镇	68.13	71.75	65.39	22.63	20.47	24.27	9.24	7.78	10.34
		乡村	54.65	57.73	52.58	34.04	32.89	34.81	11.31	9.39	12.61
2020年	60岁及以上	全国	87.25	88.11	86.45	10.41	9.77	11.00	2.34	2.12	2.55
		城镇	90.15	90.77	89.58	7.69	7.20	8.13	2.16	2.02	2.29
		乡村	83.90	82.17	77.40	13.55	12.64	14.41	2.55	2.24	2.86
	65岁及以上	全国	84.47	85.62	83.42	12.58	11.73	13.35	2.95	2.64	3.23
		城镇	84.47	85.62	83.42	12.58	11.73	13.35	2.95	2.64	3.23
		乡村	80.89	82.39	79.48	16.00	14.91	17.03	3.11	2.71	3.49
	80岁及以上	全国	68.58	71.42	66.45	23.13	21.63	24.25	8.29	6.95	9.30
		城镇	68.58	71.42	66.45	23.13	21.63	24.25	8.29	6.95	9.30
		乡村	63.26	57.73	52.58	28.44	27.23	29.33	8.30	6.87	9.35

资料来源：根据国家统计局网站统计数据中的普查数据计算而来。

高了 7.89 个百分点，与之对应的是丧偶率下降，2020 年丧偶老年人占老年人总数的 21.81%，比 2000 年降低了 8.55 个百分点，这主要是由于老年人健康状况改善和平均预期寿命延长。但由于我国老年人口规模持续增长，丧偶老年人的规模从 2000 年的 388.5 万人增加到 2020 年的 556.7 万人。特别是女性老年人丧偶的比例明显高于男性老年人，而且随着年龄增大，这种性别失衡愈发明显。丧偶于老年人而言不仅意味着失去了生活伴侣，还意味着失去了家庭的一部分经济来源。因此，丧偶老年人的经济帮扶、生活照料、精神慰藉等需求都需要更多政策关注。

此外，值得关注的是未婚老年群体的比例和规模呈现出明显的增长趋势，尤其是乡村的男性未婚老年人比例显著高于城镇。这些终身未婚的乡村老年人，既没有配偶也没有子女，家庭社会网络非常薄弱，其所需要的社会支持也应该成为老年社会工作和老龄政策关注的重点（见表 2-6）。

三、受教育程度

当前，我国老年人口的受教育程度以小学为主（46.48%），其次是初中（27.46%）。比较近三次全国人口普查数据可以发现，我国老年人受教育程度在不断提高。无论是城镇还是乡村，从未上过学的老年人口比例大幅下降，受教育程度为初中、高中、大专及以上的老年人口比例均在不断上升。值得注意的是，2020 年受教育程度在大专及以上的老年人口规模首次突破千万，达到 1 050.68 万人。其中，有 32.69% 的老年人是大学本科学历，1.72% 的老年人为研究生学历。这些高学历的老年人主要集中在 60～69 岁年龄段，随着队列的不断更替，可以预见未来老年群体的受教育程度还将持续提高。

得益于新中国成立初期的教育改革和改革开放以来教育公平水平的提升，老年人口受教育程度的性别差距整体上在缩小，因为老年人口受教育程度的差距主要反映的是在儿童、青少年时期接受教育机会的差距。老年人口受教育程

表2-6 2000—2020年中国老年人口婚姻状况

年份	年龄段	类别	未婚（%）			有配偶（%）			离婚（%）			丧偶（%）		
			总体	男	女	总体	男	女	总体	男	女	总体	男	女
2000年	60岁及以上	全国	1.66	3.18	0.21	67.32	10.57	8.49	0.66	0.97	0.36	30.36	18.45	41.68
	65岁及以上	全国	1.42	2.75	0.23	60.30	73.01	48.92	0.61	0.89	0.35	37.67	23.35	50.50
2010年	60岁及以上	全国	1.78	3.26	0.37	70.55	79.46	62.08	0.78	0.98	0.60	26.89	16.30	36.96
		城镇	0.99	1.67	0.35	73.68	84.02	64.04	0.97	1.08	0.87	24.37	13.22	34.74
		乡村	2.37	4.43	0.38	68.21	76.10	60.59	0.64	0.90	0.39	28.78	18.57	38.65
	65岁及以上	全国	1.71	3.11	0.42	63.17	74.95	52.35	0.67	0.84	0.51	34.46	21.10	46.71
		城镇	0.97	1.63	0.37	66.86	80.20	54.79	0.77	0.87	0.67	31.40	17.29	44.17
		乡村	2.26	4.20	0.46	60.41	71.09	50.52	0.59	0.81	0.39	36.73	23.90	48.63
2020年	60岁及以上	全国	1.65	3.09	0.31	75.21	83.23	67.74	1.32	1.52	1.14	21.81	12.15	30.81
		城镇	1.05	1.76	0.40	77.30	86.24	69.19	1.85	1.90	1.81	19.80	10.10	28.59
		乡村	2.36	4.58	0.21	72.80	79.86	66.01	0.71	1.10	0.33	24.14	14.45	33.45
	65岁及以上	全国	1.65	3.14	0.30	70.25	80.38	61.09	0.95	1.13	0.79	27.15	15.36	37.81
		城镇	1.03	1.77	0.37	72.49	83.71	62.61	1.31	1.38	1.25	25.18	13.14	35.76
		乡村	2.33	4.58	0.22	67.82	76.85	59.38	0.56	0.86	0.28	29.29	17.70	40.12

资料来源：根据国家统计局网站统计数据中的普查数据计算而来。

度的城乡差距也在逐渐缩小，但乡村老年教育资源仍然匮乏，需要进一步优化和均衡资源配置，丰富乡村老年教育资源（见表2-7）。

老年人口受教育程度的变化会对老年社会工作和社会政策的发展方向产生重要影响。其一，在促进健康老龄化方面，受教育程度的大幅改善可以培育老年人口的健康素养、健康行为，并有效提升老年人口的健康敏感性、依存性，这不仅可以促进老年人口生理与心理健康功能的更好整合，还能拓展功能发挥的空间、降低功能局限的影响，可以降低实现老有所养、老有所乐、老有所为的成本，提高实现效率。其二，在推动积极老龄化方面，受教育程度的大幅改善除了在"健康"维度上对老年人口产生积极影响，还将在"参与"维度上逐渐拓展老年人口在劳动行为、政治活动、文化生活、公共服务等领域的参与渠道，同时推动老年人口更主动地接受现代技术手段、接纳新兴产品资源，让智慧康养、终身学习等时代议题的价值进一步凸显，从而在"保障"维度上持续增进老年人口的福祉，为老有所乐、老有所为的实现奠定坚实基础[1]。

四、经济状况

主要生活来源是老年人口解决养老问题的核心内容，也反映了老年人口整体的经济状况和社会经济发展水平。主要生活来源结构的改善是实现"老有所养"这一基本目标的重要标志，也是老年人共享经济发展的重要标志。

2020年全国人口普查数据表明，我国老年人主要生活来源中排在第一位的是离退休金/养老金，占比为34.67%；排在第二位的是家庭其他成员供养，占比为32.66%，与离退休金/养老金的占比仅相差约2个百分点；排在第三位的是劳动收入，占比为21.97%；以这三种形式为主要生活来源的老年人占全部老年人的89.30%。总体上来看，离退休金/养老金、家庭其他成员供养和劳动收

---

[1] 杜鹏，李龙.中国老年人口受教育程度发展趋势前瞻.人口与发展，2022，28（1）.

表2-7 2000—2020年中国老年人口受教育程度

年份	类别	从未上过学（%）			小学（%）			初中（%）			高中（%）			大专及以上（%）		
		总体	男	女	总体	男	女	总体	男	女	总体	男	女	总体	男	女
2000年	全国	40.07	22.84	56.46	36.82	47.26	26.89	9.46	14.79	4.39	4.12	6.22	2.13	2.05	3.31	0.86
	城镇	34.64	16.45	51.88	34.90	39.52	30.53	15.67	22.24	9.44	9.15	12.82	5.67	5.64	8.97	2.48
	乡村	54.24	34.63	62.75	37.82	51.26	24.99	6.24	10.93	1.77	1.51	2.80	0.28	0.19	0.37	0.02
2010年	全国	21.14	11.30	30.79	50.31	50.79	49.83	19.24	25.19	13.40	5.98	7.91	4.09	3.34	4.80	1.90
	城镇	11.16	4.97	17.34	42.13	37.80	46.45	27.36	32.11	22.60	11.79	14.46	9.11	7.57	10.65	4.50
	乡村	28.24	15.89	40.21	56.13	60.19	52.20	13.46	20.19	6.94	1.85	3.17	0.57	0.32	0.57	0.08
2020年	全国	12.16	5.99	17.90	46.48	43.31	49.45	27.46	33.16	22.16	9.92	12.14	7.84	3.98	5.40	2.65
	城镇	8.16	3.82	12.11	37.53	32.86	41.78	32.27	36.36	28.55	15.04	17.46	12.85	6.99	9.50	4.71
	乡村	16.84	8.46	24.90	57.01	55.25	58.70	21.81	29.50	14.44	3.89	6.07	1.79	0.45	0.72	0.18

资料来源：根据国家统计局网站统计数据中的普查数据计算而来。

入构成了当前我国老年人主要生活来源的三大支柱，其中又以离退休金/养老金和家庭其他成员供养最为重要。这一方面说明社会养老保障成为我国多数老年人的主要生活来源，另一方面又说明家庭养老仍然起着至关重要的作用。

从变化趋势来看，从 2010 年到 2020 年，劳动收入和家庭其他成员供养的比例有所下降，而离退休金/养老金的比例则有所提升。这说明在政府和社会的共同努力下，我国的社会保障体系日益完善，老年人口的经济独立性日益增强，对家庭的依赖程度日益降低。这同时也表明我国老年人口的生活来源结构更加多元化，老年人口的养老方式逐渐从家庭供养转向社会养老。此外，老年人口主要生活来源的变化也与乡村老年人成为城镇居民、乡村留守老年人观念转变、越来越多的子女将父母接进城市照看孙子女等一系列社会家庭形态变化有关[1]，这些变化也对新时期的老年社会工作提出了新的要求和挑战。

构成我国老年人主要生活来源的三大支柱在不同性别的老年人群体中的地位变化存在明显差异。在我国男性老年人的主要生活来源中，劳动收入的排名从 2010 年的第一位降至 2020 年的第二位，离退休金/养老金升至第一位，家庭其他成员供养排在第三位。而在女性老年人的主要生活来源中，家庭其他成员供养仍为最重要的生活来源，离退休金/养老金的排名从 2010 年的第三位跃居 2020 年的第二位。可见，目前男性老年人以社会养老为主、家庭养老为辅，而女性老年人则正好相反。

从 2020 年的数据来看，随着年龄的增长，老年人主要生活来源中的劳动收入、财产性收入的比例降低，家庭其他成员供养、离退休金/养老金和最低生活保障金的比例上升，这说明随着年龄的增长，老年人身体机能退化，获得劳动收入、财产性收入的机会减少，对家庭和社会保护的需求增强。同时，随着时间的推移，低龄老年人对劳动收入的依赖程度逐渐降低，高龄老年人对离退

---

[1] 丁志宏，张亚锋，夏咏荷.我国老年人生活来源现状及变化：2010—2015 年.老龄科学研究，2019，7（1）.

休金/养老金的依赖程度增加，对家庭其他成员供养的依赖程度大幅降低。老年人口的主要生活来源也存在城乡差异，城镇老年人主要生活来源结构多样，主要依靠离退休金/养老金、家庭其他成员供养和劳动收入，而乡村老年人主要生活来源结构单一，主要集中在家庭其他成员供养和劳动收入（见表2-8）。

总体而言，社会养老保障已经成为中国老年人口最重要的生活来源，且作用还在持续增强。与此同时，家庭和个人的作用相对减弱，以家庭其他成员供养和劳动收入为主要生活来源的老年人比例也有了较大的降幅。

五、居住安排

老年人的居住安排是指老年人与谁居住在一起，它对老年人的身心健康、照料方式、经济来源、社会支持、代际关系等方面都有重要影响，不同居住安排下的老年人对于各种养老资源的需求也会有所差异。随着工业化和现代化的不断发展，传统型的多代同堂的扩大式家庭不断减少，家庭结构核心化和家庭规模小型化成为发展趋势，越来越多的子女由于学习、工作、婚姻等离开了原生家庭，老年家庭空巢化、独居化的趋势越来越明显。

第七次全国人口普查把老年人居住方式划分为与配偶和子女同住、与配偶同住、与子女同住、独居（有保姆）、独居（无保姆）、养老机构和其他7种类型。与配偶同住的老年人口比例为43.70%，独居的老年人口比例为11.98%，如果把二者作为空巢家庭的识别标准，那么我国老年空巢家庭的比例已达到55.68%。但两种居住安排下的老年人也有很大差异，独居老年人的身体健康状况和经济条件往往比与配偶同住的老年人更差，而与配偶同住的老年人的养老需求更多体现在精神慰藉、价值实现方面[①]。在老年人的居住安排中，与子女同

---

① 孙鹃娟. 中国老年人的居住方式现状与变动特点：基于"六普"和"五普"数据的分析. 人口研究，2013, 37（6）.

表2-8 2010—2020年中国老年人口主要生活来源情况

年份	年龄段	类别	劳动收入（%）			离退休金/养老金（%）			最低生活保障金（%）			失业保险金（%）			财产性收入（%）			家庭其他成员供养（%）			其他（%）		
			总体	男	女	总体	男	女	总体	男	女	总体	男	女	总体	男	女	总体	男	女	总体	男	女
2010年	60岁及以上	全国	29.08	36.59	21.93	24.12	28.89	19.58	3.89	4.11	3.69	0.00	0.00	0.00	0.37	0.41	0.33	40.71	28.24	52.58	1.83	1.76	1.90
		城镇	12.94	17.66	8.55	50.13	58.35	42.47	3.11	2.71	3.48	0.00	0.00	0.00	0.61	0.68	0.54	31.35	18.88	42.97	1.86	1.72	1.99
		乡村	41.19	50.54	32.15	4.60	7.19	2.09	4.48	5.14	3.85	0.00	0.00	0.00	0.19	0.21	0.16	47.74	35.13	59.93	1.81	1.79	1.83
	80岁及以上	全国	3.44	4.97	2.36	20.52	30.50	13.48	6.09	6.29	5.95	0.00	0.00	0.00	0.22	0.25	0.20	67.63	55.83	75.96	2.10	2.17	2.05
		城镇	1.47	2.06	1.02	43.58	60.17	31.01	4.94	3.81	5.80	0.00	0.00	0.00	0.34	0.35	0.33	47.62	31.81	59.59	2.06	1.80	2.26
		乡村	4.84	7.19	3.27	4.14	7.87	1.64	6.90	8.18	6.05	0.00	0.00	0.00	0.13	0.17	0.11	81.85	74.14	87.03	2.13	2.45	1.91
2020年	60岁及以上	全国	21.97	28.78	15.62	34.67	36.71	32.77	4.29	4.79	3.83	0.01	0.01	0.01	0.88	0.97	0.80	32.66	23.29	41.39	5.52	5.45	5.58
		城镇	11.93	16.66	7.64	55.63	58.60	52.94	2.50	2.58	2.43	0.00	0.01	0.00	0.72	0.81	0.64	24.69	16.95	31.71	4.52	4.39	4.63
		乡村	33.58	42.38	25.11	10.43	12.15	8.78	6.37	7.27	5.50	0.01	0.01	0.01	1.07	1.15	0.99	41.87	30.40	52.89	6.68	6.64	6.72
	80岁及以上	全国	2.99	4.19	2.10	36.77	43.96	31.39	6.12	6.65	5.72	0.00	0.01	0.00	0.44	0.53	0.38	48.55	39.60	55.24	5.12	5.07	5.16
		城镇	1.27	1.75	0.91	58.48	67.53	51.62	3.54	3.34	3.70	0.00	0.00	0.00	0.32	0.36	0.29	32.23	23.26	39.01	4.16	3.76	4.46
		乡村	4.91	6.95	3.42	12.52	17.21	9.06	9.00	10.40	7.96	0.01	0.01	0.01	0.58	0.73	0.46	66.79	58.15	73.15	6.20	6.56	5.93

资料来源：根据国家统计局网站统计数据中的普查数据计算而来。

住的比例为 16.57%，这与我国老年人子女数量减少、生活方式转变有关。

乡村老年空巢家庭、独居（无保姆）家庭的比例明显高于城镇，乡村老年人空巢、独居的状况更加严峻（见表 2-9）。与家庭成员共同居住的居住安排不仅对老年人口具有物质经济保障作用，还会对老年人口的照料产生积极影响。随着老年人口需要照料的数量和比例越来越高，家庭照料负担将加重，家庭成员将需要更多的帮助和社会支持，而空巢老年人、独居老年人也对机构养老等社会化养老方式提出了现实需求。

第三节　人口老龄化背景下老年社会工作的机遇和挑战

在人口老龄化背景下，老年社会工作既充满机遇，也面临诸多新的挑战。老年社会工作的重要性和必要性日益提升，在专业化方面将取得进一步的发展，外部环境也将为老年社会工作提供更好的支持。与此同时，服务对象多元化、服务场景多元化和服务内容多元化也使老年社会工作面临新的挑战。

一、人口老龄化背景下老年社会工作的机遇

（一）不断扩大的老年人口规模使得老年社会工作的必要性和重要性提升

随着老年人口规模的不断扩大，老年群体日益多样化、差异化的需求需要更多专业化服务予以回应。例如，未来的老年群体在人力资源开发、医养结合、智慧养老等多个方面会产生新的需求和问题，需要老年社会工作的积极介入。

随着我国健康事业的迅速发展，老年人的健康状况有很大提升，健康并且

表2-9 2020年中国老年人口居住安排情况

年龄段	类别	与配偶和子女同住（%）			与配偶同住（%）			与子女同住（%）			独居（有保姆）（%）			独居（无保姆）（%）			养老机构（%）			其他（%）		
		总体	男	女	总体	男	女	总体	男	女	总体	男	女	总体	男	女	总体	男	女	总体	男	女
60岁及以上	全国	23.12	26.15	20.29	43.70	48.25	39.46	16.57	9.82	22.86	0.18	0.17	0.19	11.80	10.51	13.01	0.73	0.87	0.60	3.90	4.23	3.59
	城镇	25.74	29.51	22.32	41.89	46.98	37.28	17.04	9.58	23.81	0.25	0.23	0.26	10.33	8.56	11.93	0.88	0.95	0.82	3.87	4.20	3.58
	乡村	20.08	22.39	17.87	45.80	49.68	42.06	16.03	10.10	21.73	0.11	0.10	0.11	13.51	12.69	14.29	0.55	0.78	0.33	3.93	4.27	3.60
80岁及以上	全国	10.31	15.62	6.34	24.88	38.24	14.89	36.32	22.58	46.59	0.76	0.74	0.77	20.80	16.37	24.11	2.52	2.48	2.55	4.42	3.97	4.75
	城镇	11.45	17.33	7.00	26.47	40.73	15.67	34.84	20.59	45.62	1.16	1.15	1.18	18.48	13.30	22.39	3.57	3.24	3.82	4.04	3.65	4.33
	乡村	9.03	13.67	5.61	23.10	35.40	14.04	37.98	24.84	47.66	0.30	0.27	0.32	23.39	19.85	26.00	1.35	1.62	1.15	4.85	4.34	5.22

资料来源：根据国家统计局网站统计数据中的普查数据计算而来。

有就业能力的老年人再就业对自身福利提升、晚年精神需要满足、社会健康发展有积极的意义。对老年人力资源的充分利用可以增加劳动力资源，减轻赡养负担，促进经济发展[1]。老年人口再就业一方面可以满足其精神需要，发挥余热，另一方面能增加其收入，维持生活水平并预防贫困。应高度重视老年人口的二次就业权利，为老年人口重返劳动力市场创造条件，将老年人口从"包袱"变为"财富"[2]。《中共中央国务院关于加强新时代老龄工作的意见》明确提出"鼓励老年人继续发挥作用"，老年人力资源开发的重要性日益凸显。

表 2-10 反映的是 2010—2020 年间，老年就业人口在全部就业人口中所占的比例，其中比例最高的是 2020 年，为 11.3%，比 2010 年高了 8.1 个百分点。从总体趋势上看，2011 年较 2010 年迅速上升，2011—2014 年逐年上升。2015 年略有下降，此后继续逐年上升，2020 年达到最高值。老年就业人口具有年龄差异，2010—2017 年 60~64 岁老年就业人口比例均超过 65 岁及以上老年就业人口比例，但 2018—2020 年，60~64 岁老年就业人口比例低于 65 岁及以上老年就业人口比例，且差距逐年增大，分别低了 0.3、1.1 和 2.1 个百分点。这可能与我国老年人口身体状况改善，有足够的精力投入工作之中有关。老年就业人口具有性别差异，两性老年就业人口比例与总体老年就业人口比例变动趋势一致。从最低值与最高值来看，男性老年就业人口比例最高为 2020 年的 11.5%，最低为 2010 年的 3.6%，相差 7.9 个百分点，女性老年就业人口比例最高为 2020 年的 11.1%，最低为 2010 年的 2.5%，相差 8.6 个百分点。总体上来看，老年就业人口中男性比例均高于女性，相差最小为 0.4 个百分点，最大为 1.1 个百分点，这说明男性具有更多的就业优势和就业积极性。

---

[1] 熊必俊.中国人口老龄化与老年人力资源的开发利用.老年学杂志，1990（5）.
[2] 穆光宗.老年人：包袱还是财富?.社会，1994（6）.

表 2-10 2010—2020 年中国老年就业人口占全部就业人口比例

年份	男（%）			女（%）			总体（%）		
	60～64岁	65 岁及以上	合计	60～64岁	65 岁及以上	合计	60～64岁	65 岁及以上	合计
2010 年	2.1	1.5	3.6	1.5	1.0	2.5	1.9	1.3	3.2
2011 年	4.3	4.1	8.4	3.9	3.4	7.3	4.1	3.8	7.9
2012 年	5.0	4.4	9.4	4.6	3.8	8.4	4.8	4.1	8.9
2013 年	5.1	4.5	9.6	5.1	3.9	9.0	5.1	4.2	9.3
2014 年	5.5	4.7	10.2	5.5	4.0	9.5	5.5	4.4	9.9
2015 年	5.1	4.3	9.4	5.0	3.7	8.7	5.1	4.1	9.2
2016 年	5.3	4.8	10.1	5.2	4.2	9.4	5.3	4.5	9.8
2017 年	5.2	5.1	10.3	5.0	4.7	9.7	5.1	4.9	10.0
2018 年	5.0	5.3	10.3	4.8	5.0	9.8	4.9	5.2	10.1
2019 年	4.8	5.9	10.7	4.3	5.5	9.8	4.6	5.7	10.3
2020 年	4.8	6.7	11.5	4.4	6.7	11.1	4.6	6.7	11.3

资料来源：2011—2021 年《中国劳动统计年鉴》"全国按年龄、性别分的就业人员受教育程度构成"。

表 2-11 反映的是 2000 年、2010 年和 2020 年老年就业人口的职业构成。显而易见的是，"农、林、牧、渔业生产及辅助人员"是职业占比最高的，其次是"社会生产服务和生活服务人员"，除"不便分类的其他从业人员"外，职业为"党的机关、国家机关、群众团体和社会组织、企事业单位负责人"的老年人占比最低。从性别角度来看，老年就业人口从事的职业类型具有较大差异。在占比最高的"农、林、牧、渔业生产及辅助人员"中，女性老年就业人口比例均高于男性；在"社会生产服务和生活服务人员"中，男性老年就业人口比例整体上略高于女性；而在"党的机关、国家机关、群众团体和社会组织、企事业单位负责人""专业技术人员""办事人员和有关人员""生产制造及有关人员"中，男性老年就业人口比例均高于女性，且差值较大，这说明在职业选择上，男性老年人在管理型、技术型职业上更有优势，而女性老年人更集中于

表2-11 2000—2020年中国老年就业人口职业情况

年份	类别	党的机关、国家机关、群众团体和社会组织、企事业单位负责人（%）			专业技术人员（%）			办事人员和有关人员（%）			社会生产服务和生活服务人员（%）			农、林、牧、渔业生产及辅助人员（%）			生产制造及有关人员（%）			不便分类的其他从业人员（%）		
		总体	男	女	总体	男	女	总体	男	女	总体	男	女	总体	男	女	总体	男	女	总体	男	女
2000年	全国	0.43	0.60	0.14	1.41	1.90	0.56	1.36	2.00	0.26	3.51	3.97	2.73	91.13	88.75	95.20	2.12	2.72	1.09	0.05	0.06	0.03
2010年	全国	0.45	0.64	0.15	1.29	1.69	0.65	1.49	2.22	0.35	4.99	5.40	4.36	87.07	83.88	92.05	4.67	6.11	2.42	0.05	0.06	0.03
	城镇	1.61	2.15	0.58	4.05	4.78	2.68	5.35	7.37	1.52	15.75	15.89	15.48	62.11	55.94	73.83	10.98	13.71	5.82	0.14	0.17	0.10
	乡村	0.17	0.25	0.06	0.64	0.90	0.24	0.58	0.89	0.11	2.45	2.69	2.09	92.96	91.09	95.75	3.18	4.15	1.73	0.03	0.03	0.02
2020年	全国	0.61	0.84	0.24	1.72	2.10	1.09	2.49	3.52	0.78	16.29	16.49	15.95	66.81	61.61	75.46	11.92	15.28	6.35	0.15	0.17	0.14
	城镇	1.40	1.80	0.64	3.71	4.06	3.03	5.67	7.48	2.19	32.71	31.11	35.76	38.64	33.81	47.84	17.61	21.46	10.27	0.27	0.27	0.26
	乡村	0.28	0.41	0.09	0.89	1.22	0.38	1.16	1.74	0.26	9.44	9.93	8.65	78.56	74.06	85.64	9.55	12.51	4.90	0.11	0.12	0.09

资料来源：根据国家统计局网站统计数据中的普查数据计算而来①。

① 第五次全国人口普查数据无"全国分年龄、性别、职业种类的就业人口（城市/镇/乡村）"的资料，故未分类描述。

生产型、服务型行业。从城乡角度来看，除"农、林、牧、渔业生产及辅助人员"外，城镇老年就业人口在其他职业类型中所占比例均远高于乡村老年就业人口，这可能是因为乡村老年就业人口受到了就业途径和职业技能的限制。老年人力资源开发需要更加专业的社会工作服务帮助老年人评估自身的条件和链接丰富的资源。社会工作者在服务有就业需求的老年人时，既可以搭建与用人单位之间的桥梁，又可以最大限度地帮助老年人发挥自身所蕴含的经济、社会和文化价值。

老年人的健康需求也从注重寿命延长向注重生命质量提升转变。老年社会工作能够将对老年人身心协调发展的关注变得专业化，社会工作者在倡导、干预、评估等阶段扮演着重要角色。2017年发布的《"十三五"国家老龄事业发展和养老体系建设规划》提出，将"居家为基础、社区为依托、机构为补充、医养相结合的养老服务体系更加健全"作为"十三五"时期老龄事业的发展目标。医疗与养老融合发展正式成为养老服务体系建设的又一重点。社工机构需要充当医疗资源和养老资源的黏合剂，将医养结合起来，使医疗照顾和健康管理相融合，而这项整合型的工作需要复合型社会工作人才，即既掌握社会工作的专业方法和技巧，又掌握医疗卫生的知识和渠道，才能实现有效的资源整合和利用。

传统的养老模式在满足老年群体高层次、便捷化等需求方面显示出诸多不足。将传统居家养老模式与科学技术相结合形成的智慧居家养老，为缓解养老压力、促进积极老龄化提供了新的思考方向和实践路径。为全面普及智慧养老建设，推进智慧养老产业模式发展，提升养老质量，2013年发布的《国务院关于加快发展养老服务业的若干意见》提出：发展居家网络信息服务，地方政府要支持企业和机构运用互联网、物联网等技术手段创新居家养老服务模式。智慧养老也称智能化养老，是信息化时代的产物，利用互联网、云计算、大数据、智能硬件等新一代信息技术产品，能够实现个人、家庭、社区、机构与健康养老资源的有效对接和优化配置，推动健康养老服务智慧化升级，提升健康养老服务质量和效率。专业社会工作因其优势理念、独特价值观、专业方法技巧及与时俱进的特点，在提供智慧养老服务方面极具可行性，并且通过专业方法的应用和角色功能的发挥，在实际参与过程中大有可为[①]。智慧养老不能仅依靠技术开展流程化的服务，还需要充分发挥社会工作的专业优势，全方位、多角度地发挥新科技在养老产业中的作用，探索融合发展的新路径。

（二）日趋完善的老龄政策与服务体系为老年社会工作专业化发展奠定基础

老龄政策是老年社会工作的理论指导。《中华人民共和国老年人权益保障法》是为了保障老年人的合法权益，发展老龄事业，弘扬中华民族敬老、养老、助老的美德而制定的法律。除《中华人民共和国老年人权益保障法》外，近年来，中央连续发布了《中华人民共和国国民经济和社会发展第十四个五年规划和2035年远景目标纲要》《中共中央国务院关于加强新时代老龄工作的意见》《"十四五"国家老龄事业发展和养老服务体系规划》等文件，对老年人权益及相关保障做出了进一步规定。特别是《老年社会工作服务指南》依次规定了老年社会工作的术语和定义、服务宗旨、服务内容、服务方法、服务流程、服务管理、人员要求和服务保障，对老年社会工作提出了进一步要求——由浅入深的方法、管理、保障多措并举，预防性、发展性、治疗性服务内容齐头并进。

人才队伍建设是老年社会工作的持续动力。虽然我国社会工作起步较晚，但在社会工作人才专项培养方面已有所改善。民政部公布的《2021年民政事业发展统计公报》显示，截至2021年年底，全国持证社会工作者共计73.7万人，比2020年增长10.2%，其中助理社会工作师55.9万人，社会工作师17.7万人[②]。随着"全能型政府"逐渐向"服务型政府"转变，我国老年社会工作参与

---

① 付应岑.社会工作介入智慧居家养老服务研究.太原城市职业技术学院学报，2022（2）.
② 2021年民政事业发展统计公报.（2022-08-26）[2022-10-23]. https://www.mca.gov.cn/www2017/file/202208/2021mzsyfztjgb.pdf.

社会服务逐渐具有了政策合法性。

养老服务体系为老年社会工作提供了基本服务场景。《中华人民共和国老年人权益保障法》提到的"国家建立和完善以居家为基础、社区为依托、机构为支撑的社会养老服务体系"是我国养老服务体系的建设目标。国务院印发的《"十四五"国家老龄事业发展和养老服务体系规划》将养老服务供给不断扩大、老年健康支撑体系更加健全、为老服务多业态创新融合发展、要素保障能力持续增强、社会环境更加适老宜居作为发展目标。党的二十大报告提出:"实施积极应对人口老龄化国家战略,发展养老事业和养老产业,优化孤寡老人服务,推动实现全体老年人享有基本养老服务。"老年社会工作可以根据不同老年群体和不同养老服务模式的特点,从整体的角度出发设计不同的介入方式,进行跨学科的协作,整合资源以提供高质量的服务。

健康支撑体系为老年社会工作提供了丰富的服务内容。2019年,国务院接连出台了三个健康服务重量级文件,从医疗服务转向健康服务的方向更加明晰。国务院印发的《国务院关于实施健康中国行动的意见》加快推动了从以治病为中心向以人民健康为中心的重大转变,国家卫生健康委等八部门联合印发的《关于建立完善老年健康服务体系的指导意见》为老年健康服务提供了专项指南,国家卫生健康委等十二部门联合印发的《关于深入推进医养结合发展的若干意见》进一步推进了医养结合深化发展[①]。健康服务体系包含六大任务——健康教育、预防保健、疾病诊治、康复护理、长期照护、安宁疗护,这既是卫生健康领域的重点工作,也是老年人最为迫切的健康服务需求。健康服务发展有三个重点方向:面向全年龄人群的全方位健康管理,面向高龄失能人群的康复护理,面向占比75%的慢性病病人的治疗。其中,全方位健康管理是新兴方向,也是潜力最大的方向。老年社会工作在新的健康服务体系中可以专业价值理念、知识、技能为基础,通过疾病预防与保健、营养指导、健康照料、慢性

---

① 吴玉韶.从老龄政策看产业发展新趋势.中国社会工作,2020(2).

病管理等，开展健康服务，最终实现提高老年人的生活水平和生命质量的目标。

（三）逐渐形成的老年友好型社会为开展老年社会工作提供更好的环境支撑

《中华人民共和国老年人权益保障法》的诞生标志着我国老年人的权益保障正式步入法治化的轨道。该法明确指出，保障老年人合法权益是全社会的共同责任。后续的一次修订和三次修正使老年人的权益保障体系日趋完善。在最高人民法院的指导下，地方各级人民法院依法审理涉老年人权益的各类案件，通过司法手段打击侵害老年人权益的行为。2021年最高人民法院发布了"人民法院老年人权益保护十大典型案例"，致力于发挥案例引导作用，多维度保障老年人权益。典型案例不仅有助于司法机关统一法律适用标准，也能有效引导社会公众更好地知法、守法、用法，传递鲜明的价值导向。

老年友好的环境能够消除老年人参与社区和社会活动的环境障碍。老年宜居环境建设是指适应人口老龄化形势的发展要求，促进社会生活环境从"成年型"向"全龄型"转变，着力发展有利于老年人保持健康、独立和自理，融入社会、参与社会的硬件设施环境和社会文化因素，为老年人平等地参与社会生活提供必要条件。《中华人民共和国老年人权益保障法》将老年宜居环境建设上升为法律层面的要求，明确提出"国家采取措施，推进宜居环境建设，为老年人提供安全、便利和舒适的环境"。2020年7月，民政部等九部门联合印发《关于加快实施老年人居家适老化改造工程的指导意见》，引导有需要的老年人家庭开展居家适老化改造，满足城乡老年人家庭的居家养老需求。截至2021年年底，全国累计新开工改造城镇老旧小区11.2万个，惠及居民2 000多万户。各地结合城镇老旧小区改造加装电梯近2万部，增设或改造提升养老、助餐等各类社区服务设施近3万个。此外，住房城乡建设部会同国家卫生健康委、教育部等12个部门开展城市居住社区建设补短板行动；会同国家发展改革委、民政部等5个部门，推动物业服务企业发展居家社区养老服务，探索"物业服务+

养老服务"的新模式；联合民政部、国家发展改革委等 8 个部门，加快实施老年人居家适老化改造工程，增强居家生活设施设备安全性、便利性和舒适性。

中华民族具有敬老、养老、助老的美德和传统孝道文化，实现"老有所养"是政府、社会、家庭和个人的共同责任。在传统的孝文化中，虽然"敬老""养老"在理念上相辅相成、高度统一，但在现实生活中，"养老"占据着基本和核心的位置，老年人的生活方面要得到照料，经济方面要有所依靠。需要充分保障老年人的物质需要，使其安度晚年。随着时代的变迁，孝顺观念已经逐渐发生变化，从曾经单方面注重对老年父母的顺从或给予老年父母物质方面的支持，转变为更加注重对老年父母精神层面需求的满足。近年来，在我国进入人口老龄化社会的关键时期，人口老龄化国情意识大大增强，社会上关爱老年人的意识大幅提升，积极应对人口老龄化的社会氛围更加浓厚。

二、人口老龄化背景下老年社会工作面临的挑战

（一）服务对象多元化带来的挑战

从老年人口受教育程度和经济状况的变化可以看出，我国老年人口的综合素质有了较大的提升，生活水平有了一定的改善。群体多元化的背后实质是需求的多元化。面对需求越来越多元化的老年群体，社工机构和社会工作者需要具体问题具体分析，制订个性化服务计划和实施针对性服务方案。例如，随着人口老龄化程度加深，老年人口的素质也在不断提高，老年人的独立性和自我意识会增强，自我走出困境的能力会有所提高。社会工作者在提供服务的过程中不可避免会遇到伦理难题，主要表现为服务对象自决与专业家长主义、隐私权与知情权之间的矛盾。利益和价值观的多元化是现代社会的重要特征之一，无论是社会工作者还是老年人，都或多或少面临价值困惑和价值冲突。社会工作者需要积极尝试去改变某些不合理的规则，更多地从差异化和个性化的视角出发，强调尊重服务对象自决和隐私权的重要性。

再如，随着我国社会经济的进步，人口平均预期寿命延长，老年人口素质不断提高，老年人进行社会参与的需求日益旺盛。志愿活动参与逐渐成为很多老年人社会参与的重要途径之一，在我国人口老龄化持续加剧和社会志愿服务蓬勃发展的背景下，老年人凭借其在经验、资源、闲暇时间等方面的优势，参与志愿服务的能力和意愿均有显著提高，并日渐成为一支潜在的志愿服务主力军。中国老年社会追踪调查（China longitudinal aging social survey，CLASS）显示，现有志愿活动在很大程度上并不能满足老年人的需求，并且这一需求缺口越来越大。对比中国老年社会追踪调查 2014 年、2018 年和 2020 年的数据可以发现（见表 2-12），2014 年有高达 13.43% 的老年人由于对目前的活动不感兴趣而选择不参加志愿活动，而到了 2020 年这一比例上升至 20.65%。特别是在城市老年人中，选择这一因素的比例更高，比例上升幅度更大，从 2014 年的 9.91% 上升至 2020 年的 24.12%，说明城市老年人参与志愿服务的需求越来越多样化，而当前开展的大部分老年志愿服务属于常规性的志愿服务，例如社区治安巡逻、卫生清洁等活动，服务的内容和形式都较为单一。但随着老年群体的自身素质不断提高、所掌握的知识技能更加丰富多元、参与志愿服务的需求更具差异化，老年志愿活动的供需开始出现不匹配，特别是对于一些身体素质较好、有专业知识和技能的老年人而言，现有的志愿服务并不能满足其发挥自身价值的需求。例如数据显示，由于身体原因不能参与志愿服务的老年人比例大幅降低，2014 年有 33.29% 的老年人因健康条件不允许而不参加志愿活动，而到了 2020 年，这一比例下降至 20.05%，这在一定程度上反映了老年人的身体素质有所改善，参与志愿服务的需求不断增多。限制老年人参与志愿服务的另一个重要因素是专业技能的缺乏，有很大一部分老年人由于觉得自己没有一技之长，所以不去参与志愿服务。2014 年只有 1.77% 的老年人认为自己缺乏专业技能，所以不去参加志愿活动，而这一比例到 2020 年迅速增长到 19.10%，这也说明了志愿服务的专业技能要求不断提高，越来越多的老年人觉得自己的现有技能无法满足志愿活动的需要。特别是，由于存在老年人学习和运用新知识较为困难的现实，所以大多数老年志愿者缺乏专业技能。专业技术人员支持是老年志愿服务发展的有力保障，老年志愿者的潜在能力需要得到充分挖掘。要大力发展社会组织和专业社会工作队伍，鼓励社会工作介入，根据老年志愿者的特征及需求制订全方位的培训计划，并且培训内容应该更加系统化和专业化，要有针对性地设置培训内容及制定培训目标。

表 2-12 2014—2020 年中国老年人不参加志愿活动的原因

原因	总体（%）			城市（%）			乡村（%）		
	2014 年	2018 年	2020 年	2014 年	2018 年	2020 年	2014 年	2018 年	2020 年
健康条件不允许	33.29	19.50	20.05	34.10	19.17	20.39	32.75	19.74	19.80
要工作	4.37	7.05	5.47	5.41	6.30	4.27	3.68	7.61	6.34
要照料他人	6.14	9.70	9.93	3.18	10.67	13.76	8.12	8.98	7.13
要参加其他休闲娱乐活动	1.89	10.65	10.88	0.59	12.84	15.17	2.75	9.01	7.75
觉得自己没有一技之长	1.77	16.27	19.10	1.86	18.36	21.29	1.71	14.71	17.50
不知道怎么参加	21.91	20.51	20.86	24.16	20.76	22.74	20.42	20.32	19.49
对目前的活动不感兴趣	13.43	18.54	20.65	9.91	18.24	24.12	15.78	18.76	18.12
经济条件不允许	4.20	11.25	10.79	6.38	10.45	11.84	2.75	11.84	10.03
要做家务	—	10.03	14.59	—	8.03	17.06	—	11.51	12.79
没人组织	—	18.18	17.52	—	18.44	18.11	—	17.99	17.09
不知道有这些活动	—	25.10	20.59	—	20.42	19.19	—	28.61	21.61

老年群体的多元化对社会工作开展老年综合评估提出了更高的要求：一是要识别老年综合评估的重点人群；二是要挑选老年综合评估的评估工具；三是要掌握老年人生理、心理和社会功能方面的综合评估方法；四是要根据老年综合评估结果设计干预方案。老年社会工作者在实务中需要进行统一、严格的科学分类，为老年群体提供多元模式和方法的服务，并且这些方法需要专业、科学理论的指导，既不能仅仅建立在经验之上，也不能直接照搬其他国家、地区

的方法；需要注重提升服务的质量和服务对象的满意度，进而提高人们对老年社会工作的认可度。

（二）服务场景多元化带来的挑战

目前，政府通过购买服务的方式，将老年社会工作的专业化服务理念和方法技巧用于社区、社会养老机构等服务场景中，服务场景较为单一。服务场景多元化将是今后发展的主旋律，医院、学校和企业等也将成为老年社会工作的服务场景。

在医院，老年社会工作可以为老年患者提供心理疏导和情绪支持，协助患者家属整合资源并适时给予患者家属关怀照顾和哀伤辅导。在个案工作、小组工作、社区工作三种专业方法的介入下，老年社会工作可以帮助老年人及其家庭减轻压力，协助老年患者及其家属增进社会功能，创造有利于老年人的环境。在探索家庭医生、普通专科医院、一二级医院、急救网络下沉居民社区的过程中，老年社会工作需要整合有限的医疗资源，对医疗、救护、护理、康复等资源进行优质高效地配置，实现"老有所医"的目标。在学校，老年社会工作可以为接受教育的老年人丰富教育内容和形式，积极改善设施和师资条件，推进教育资源共享；在增能赋权理念的指导下，引导老年人树立积极健康的生活理念，培养老年人的生存发展能力，实现老年人与社会共同发展的目标。在企业，老年社会工作可以积极利用社区、社区组织、社会企业等多方资源，搭建老年再就业平台；增强老年人重新进入劳动力市场的信心，提升老年人的就业能力、劳动技能，加强定向就业技能培训，重视老年人的自身能力发展；协助老年人组建老年发展组织，倡导改善社区设施与资源；建立社区职业转介网络，发展社区中介职能，帮助老年人群体与外部机构协商合作，从社区需求出发拓展社会服务领域。[①] 为实现在多元化服务场景中开展老年社会服务，不仅要加大对专

---

① 唐兰叶. 发展性社会工作取向下老年社会工作初探. 黑河学院学报，2022，13（7）.

业人才的引入，而且要与不同的主体积极衔接和合作。老年社会工作高水平人才的培养和储备是一个长期的过程，需要积极的探索与不懈的努力。

（三）服务内容多元化带来的挑战

当前，老年社会工作服务往往停留在为部分生活能自理且积极参加活动的老年人提供一般的娱乐性活动，难以满足老年群体更现实和更迫切的需要。随着人口平均预期寿命的延长和失能老年人规模的扩大，以及社会工作服务和管理更加专业化，诸如慢性病管理、日间照料、精神慰藉、社会参与、老年教育、适老化环境改造、数字鸿沟等领域均需要社会工作的介入。

1. 慢性病管理

随着人口平均预期寿命的延长，死亡方式发生了长期转变，即从年轻因病致死向年老退化致死转变，该阶段的一个重要特点是与生活习惯和健康行为密切相关的慢性病患病率迅速增加[1]。特别是高血压、糖尿病、心脑血管疾病、恶性肿瘤等，已成为威胁人口健康的主要原因。老年人的健康需求也从注重寿命延长向注重生命质量提升转变。一方面，社会工作者可以针对有特殊需求的老年患者及其照顾者开展个案跟踪，提供情绪疏导、资源链接和咨询等服务；帮助老年患者链接经济资源，强化其自我保健的知识和技能，缓解其心理社会压力，促使其转向健康的生活方式；针对有共同需求的老年患者及其照顾者开展小组活动，既可以按照病种组建小组，如糖尿病患者小组、高血压患者小组等，也可以按照工作目标组建小组，如社会支持小组、康复锻炼小组、教育训练小组等，使组员彼此分享经验以促进个人成长，并学会用合作的方式应对慢性病。另一方面，社会工作者可以运用认知行为理论，帮助老年患者找出不合理的认知并纠正，使其树立正确态度，直面疾病问题；也可以建立患者之间的信息交流网络，促进信息、资源的整合。

---

① 夏翠翠，李建新.健康老龄化还是病痛老龄化：健康中国战略视角下老年人口的慢性病问题.探索与争鸣，2018（10）.

2. 日间照料

少子化和老龄化导致家庭照顾能力日渐削弱，传统家庭照料模式受到挑战。老年人的配偶自身年事已高、体力有限，并且随着年龄增长，老年人身体机能退化、经济收入减少、社交能力弱化，难以承担有较大压力的老年照料责任。而子女作为"夹心世代"，需要在工作的同时在家庭中承担对父母与子女两代或多代的无薪双重照顾责任[1]。在4-2-1或4-2-2的家庭结构下，传统家庭照料模式可能难堪重负，需要老年社会工作的支持。但部分老年人受传统观念影响，对社区、社会提供养老服务表现出不情愿或勉强的情绪，认为接受社会化养老是晚景凄凉的表现，只有家庭养老才代表了幸福的晚年生活，这在一定程度上阻碍了老年社会工作服务的推进[2]。传统家庭照料模式无法满足老年人的需求，来源于社会的服务支持需要积极参与到照料服务之中。在日间照料中，老年社会工作需要提供更加专业和细致的需求评估，以对接现有的照料资源，提升服务水平和服务质量。

3. 精神慰藉

我国的老年社会工作较多地以满足老年人的温饱、生存等基本需求为主，例如：为经济有困难的老年人申请低保，提供救济，捐助生活必需品；给孤寡老年人安排住处，安排义工或社会工作者照顾其基本生活；为丧失自理能力的老年人提供康复服务或者日间照料等[3]。老年人在自然衰老过程中会产生由身体健康状况恶化引发的生理护理需求和由社会功能减弱引发的心理交流需求。老年人价值观的转变也对健康提出更高要求，在生活水平提升和生活经历等因素的影响下，当代老年人相比前代更加注重健康、生活质量和自我实现[4]。在这种情境下，当前的老年社会工作难以满足老年人更高层次的需求，尤其是在老年

---

① 臧其胜.需要"照顾"的照顾者：夹心世代研究的文本脉络与本土意义.社会建设，2022，9（2）.
② 赵一红.我国本土化老年社会工作的发展路径研究.社会科学辑刊，2016（1）.
③ 王前前，张秋雨，王吉佳.老年社会工作面临的问题.区域治理，2021（11）.
④ 黄晨熹，薛媛媛.老年健康社会工作的基本内涵、知识体系与发展策略.河北学刊，2020，40（4）.

群体的心理服务方面有所欠缺。一方面，随着年龄增长，老年人身体机能退化、经济收入减少、社交能力弱化，削弱了老年人适应社会的能力；另一方面，老年人处在角色转变和人生整合的阶段，如果转变和整合完成得不好，就会对老年人的生活产生负面影响。第七次全国人口普查数据显示，60～69岁低龄老年人数量占老年人口总数的比重超过55%，这部分老年人受教育程度、经济水平、健康水平较高，更有活力，有更丰富的差异化精神需求。有研究发现，老年人整体上精神状态积极的人数远多于消极的人数，但同时亦存在大量缺乏社会支持的老年人，处在物质和精神双重匮乏的境地[①]。家庭文化在中国影响深刻，儿孙对老年人的精神支持十分重要，然而随着家庭结构的变迁，儿孙的精神慰藉较为缺乏也较难实现，对以老年人为中心的家庭关系和结构的重视是老年社会工作不可忽视的关键。

4. 社会参与

根据世界卫生组织提出的积极老龄化框架，老年人社会参与是积极老龄化的三大支柱之一，旨在使老年人通过不断参与社会、经济、政治活动等，实现自身价值，提高生活质量。"老有所用、老有所长、老有所乐"的倡导就是鼓励老年人社会参与的集中体现。社会参与不仅可以成为老龄化社会的重要资产，而且可以协助整合政府与民间资源、建构政策推动机制。关于老年人社会参与的争论主要有老年人社会参与是否应该包括老年人的有偿社会活动，老年人社会参与活动中是否包括老年人的日常生活、家务劳动以及与自己的子女、其他亲属间的交往活动，等等[②]。老年社会工作介入老年人社会参与主要表现为志愿服务活动的开展。近年来，浙江省宁波市组建了"银巢养老"社会工作组织，政府、学者、服务人群等对此给予了充分肯定。"银巢养老"以针对不同老年群

---

① 李肖亚，孙金明. 老年人精神需求满足与社会支持的关系机制研究：基于中国老年社会追踪调查（CLASS）的数据. 山西大同大学学报（社会科学版），2020，34（4）.
② 许晓芸. 老化预防与社工介入：积极老龄化视野中的高龄老人社会参与. 社会工作与管理，2019，19（5）.

体开展的志愿服务项目为切入点，让老年群体在老年期从"被服务者"转变成"价值创造者"，变"被动"为"主动"，积极将传统养老模式与新兴服务业相结合，满足了不同老年群体对文化娱乐、人际交往和学习的需求，具有推广价值。"银巢养老"自主开发了"老年人精神能力评估系统1.0""老年人精神能力评估系统2.0"，使评估精准度得到了进一步提高：从老年人曾经从事的职业、年龄、兴趣爱好、知识技能等层面进行评估分析，帮助其选择适合老年期的活动方向和内容；同时，结合老年人的身体健康状况、参与活动的倾向与实际能力、个人意愿等，确定老年志愿团队的潜在成员，并积极招募乐意参加活动的老年人[①]。老年社会工作需要重视社区力量，提升老年人应对环境变化的能力，为老年人社会参与创造条件；需要开展具有针对性的辅导活动，为老年人社会参与奠定能力基础；需要积极倡导政策支持，为老年人社会参与提供制度保障。

5. 老年教育

《中共中央国务院关于加强新时代老龄工作的意见》着重强调"将老年教育纳入终身教育体系"。《"十四五"国家老龄事业发展和养老服务体系规划》明确提到，要创新发展老年教育，具体举措包括：加快发展城乡社区老年教育，支持各类有条件的学校举办老年大学（学校）、参与老年教育；鼓励养教结合创新实践，支持社区养老服务机构建设学习点；发挥社区教育办学网络的作用，办好家门口的老年教育；依托国家开放大学筹建国家老年大学，搭建全国老年教育资源共享和公共服务平台；推动各地开放大学举办"老年开放大学"，鼓励老年教育机构开展在线老年教育；创新机制，推动部门、行业企业、高校举办的老年大学面向社会开放办学。目前，国内老年教育行业尚处于起步阶段，与规模庞大的老年人口及日益增长的教育需求相比，相关的教育课程、兴趣学习、娱乐交流的方式较为匮乏。因此，为更好地保障老年人的受教育权利，满足老年人的多元学习需求，老年社会工作须从三方面介入来提升老年教育质量：一

---

① 唐小茜，董晓欣，庞文. 不因年老而老：老年社会工作本土化实践研究：基于积极老龄化理论视角. 黑龙江生态工程职业学院学报，2022，35（3）.

是在老年教育的主要内容上加强"增权赋能"，通过健康赋能、参与赋权、数字赋能，提升老年群体自身的健康管理能力和健康识别度，营造老年友好型社会氛围，使老年人享受数字红利，弥合"银色数字鸿沟"。二是在干预方法上注重"互通互学"，通过多世代学习、共同体学习、融合式学习，帮助老年人解决亲子关系和隔代教养的现实难题，增强同伴之间的情感交流和精神陪伴，使每个老年人都获得个性化且具连续性的学习环境。三是在政策倡导上实现"共建共享"，通过鼓励社会力量参与、推进医养教一体化、支持高校提供平台，不再局限于以政府为主、社会力量参与为辅的机制，因地制宜地引入市场机制，引来老年教育的源头活水。

6. 适老化环境改造

随着老龄化程度加深，已有的基础设施难以适应老龄化社会要求的问题日益凸显。第四次中国城乡老年人生活状况抽样调查结果表明，58.7% 的城镇老年人认为存在住房不适老问题，而在乡村这一比例高达 63.2%。超过半数的城镇老年人认为，住房主要存在三大问题：没有呼叫和报警设施，没有扶手，光线昏暗。其他不适老问题还包括：厕所或浴室不好用、门槛绊脚或地面高低不平、地面易滑倒等。2020 年民政部等九部门联合印发《关于加快实施老年人居家适老化改造工程的指导意见》，明确提出加快培育公平竞争、服务便捷、充满活力的居家适老化改造市场，引导有需要的老年人家庭开展居家适老化改造。新一代老年群体具有健康状况更好、退休收入更高、心理期待更多的特点，他们的活动范围已不局限于家庭之中，因此需要在更广领域、更多层面全面进行适老化改造。适老化改造既是民生事业，又是市场消费行为，需要从顶层设计入手，让政府、社区、物业、社工机构及每个老年人家庭都参与其中。由于每个老年人的身体状况不同，家庭环境也不一样，因此适老化改造需要"私人定制"。老年社会工作扮演着打通适老化环境改造"最后一公里"的角色，社会工作者不仅仅需要具备方法和技巧，更需要具备基本的设计和装修知识，这对社会工作者的综合素养提出了更高的要求。

7. 数字鸿沟

一方面，随着年龄增长，老年人身体机能退化、经济收入减少、社交能力弱化，削弱了老年人适应社会的能力；另一方面，老年人处在角色转变和人生整合的阶段，更可能被互联网边缘化，成为被新型社会排斥的数字化弱势群体。2020 年新冠病毒感染疫情的暴发，凸显了老年群体在出行、就医等方面面临的"数字鸿沟"问题，人口老龄化相关问题的关注度日渐升温[①]。虽然我国老年群体使用互联网的比例已迅速上升，但他们仍存在"数字融入"困难，老年人适应数字生活的能力与互联网应用深入老年人日常生活的速度之间存在差距[②]。在老年社会工作实践中，社会工作者可以运用小组工作的方法，组织社区老年人开展老年人互联网互助小组，通过小组内部的互动、相互支持以及分享互联网使用经验和方法，影响老年人的互联网使用行为，澄清老年人对互联网的错误认识，使老年人了解互联网的重要性；也可以协助老年人的家庭成员形成支持性小组，增进家庭成员间的互动，改变家庭成员对老年人能力病态化的看法，让家庭成员重视老年人的能力建设，提升老年人的能力，尽量改变事事为老年人操办的处事方式[③]。人工智能技术为老年社会工作的发展带来了契机，人工智能技术能够转变老年社会服务思维、科学评估老年社会服务需求、提升老年社会服务效能[④]。但不可否认的是，人工智能技术存在个人隐私安全风险，大量数据的采集和使用，可能会给老年人带来电信诈骗等潜在风险；人工智能技术也存在技术应用的社会风险，可能会影响基本价值理念，导致道德滑坡的现象。至于人工智能技术的应用是否会影响代际关系，造成子女情感支持减少，导致尊老敬老的传统美德淡化，还须进一步观察。

① 杜鹏，陈民强. 积极应对人口老龄化：政策演进与国家战略实施. 新疆师范大学学报（哲学社会科学版），2022，43（3）.
② 杜鹏，韩文婷. 互联网与老年生活：挑战与机遇. 人口研究，2021，45（3）.
③ 刘勇，丁霜，曾阅. 老年人数字鸿沟生成的扎根理论研究. 社会工作与管理，2022，22（3）.
④ 潘旦. 正向老龄化理论下老年社会工作智能化发展研究. 华东理工大学学报（社会科学版），2020，35（5）.

第三章 │ 老年社会工作的政策基础

社会工作既是最具体、最直接地为政策对象服务的活动[1]，也是福利制度建设的基础性因素。因此，社会工作者除了需要了解社会结构和社会政策对服务使用者的影响，还需要积极投身于政策实践[2]。同时，老年社会工作专业制度的建立也随着社会立法的发展取得了实质性的发展[3]。以《"十四五"民政事业发展规划》为代表的政策文件多次指出社会工作在老年服务中扮演的重要角色，我国的老年社会工作政策正迈向体系化、制度化，政策对老年社会工作的指导和规范作用日益凸显。

与老年社会工作相关的政策如表 3-1 所示。

表 3-1 老年社会工作相关政策

时间	政策
1993 年	《中华人民共和国澳门特别行政区基本法》
2012 年	《关于鼓励和引导民间资本进入养老服务领域的实施意见》
2012 年	《无障碍环境建设条例》
2013 年	《国务院关于加快发展养老服务业的若干意见》
2013 年	《关于建立养老服务协作与对口支援机制的意见》
2013 年	《关于开展公办养老机构改革试点工作的通知》

---

[1] 王思斌.社会政策实施与社会工作的发展.江苏社会科学，2006（2）.
[2] 马凤芝.从社会工作与社会政策关系看社会工作的政策品性：兼论社会政策在社会工作中的走向.河北学刊，2022，42（1）.
[3] 孙莹.社会政策与社会工作的议题.中国青年政治学院学报，2001（2）.

续表

时间	政策
2013 年	《关于促进健康服务业发展的若干意见》
2013 年	《家庭无障碍建设指南》
2014 年	《社会救助暂行办法》
2014 年	《关于建立统一的城乡居民基本养老保险制度的意见》
2014 年	《城乡养老保险制度衔接暂行办法》
2014 年	《关于开展老年人住房反向抵押养老保险试点的指导意见》
2014 年	《关于做好政府购买养老服务工作的通知》
2014 年	《关于建立健全经济困难的高龄失能等老年人补贴制度的通知》
2014 年	《关于开展养老服务和社区服务信息惠民工程试点工作的通知》
2015 年	《中华人民共和国反家庭暴力法》
2015 年	《关于机关事业单位工作人员养老保险制度改革的决定》
2015 年	《机关事业单位职业年金办法》
2015 年	《关于推进医疗卫生与养老服务相结合的指导意见》
2016 年	《关于全面放开养老服务市场提升养老服务质量的若干意见》
2016 年	《关于中央财政支持开展居家和社区养老服务改革试点工作的通知》
2016 年	《关于开展以公建民营为重点的第二批公办养老机构改革试点工作的通知》
2016 年	《关于印发〈养老机构服务合同〉（示范文本）的通知》
2016 年	《关于整合城乡居民基本医疗保险制度的意见》
2016 年	《中华人民共和国国民经济和社会发展第十三个五年规划纲要》
2016 年	《"健康中国 2030"规划纲要》
2016 年	《"十三五"卫生与健康规划》
2016 年	《人力资源社会保障部办公厅关于开展长期护理保险制度试点的指导意见》
2016 年	《老年教育发展规划（2016—2020 年）》
2016 年	《关于推进老年宜居环境建设的指导意见》
2016 年	《老年社会工作服务指南》
2017 年	《企业年金办法》

续表

时间	政策
2017 年	《国务院办公厅关于加快发展商业养老保险的若干意见》
2017 年	《关于运用政府和社会资本合作模式支持养老服务业发展的实施意见》
2017 年	《"十三五"国家老龄事业发展和养老体系建设规划》
2017 年	《关于制定和实施老年人照顾服务项目的意见》
2017 年	《养老机构服务质量基本规范》
2017 年	《关于加强农村留守老年人关爱服务工作的意见》
2017 年	《国家教育事业发展"十三五"规划》
2017 年	《智慧健康养老产业发展行动计划（2017—2020 年）》
2018 年	《中华人民共和国宪法》
2018 年	《中华人民共和国社会保险法》
2018 年	《中华人民共和国旅游法》
2018 年	《中华人民共和国老年人权益保障法》
2018 年	《关于建立企业职工基本养老保险基金中央调剂制度的通知》
2018 年	《关于开展个人税收递延型商业养老保险试点的通知》
2018 年	《中共中央、国务院关于实施乡村振兴战略的意见》
2018 年	《乡村振兴战略规划（2018—2022 年）》
2018 年	《民政部贯彻落实〈中共中央 国务院关于打赢脱贫攻坚战三年行动的指导意见〉行动方案》
2019 年	《中华人民共和国基本医疗卫生与健康促进法》
2019 年	《国务院办公厅关于推进养老服务发展的意见》
2019 年	《关于进一步扩大养老服务供给 促进养老服务消费的实施意见》
2019 年	《城企联动普惠养老专项行动实施方案（试行）》
2019 年	《关于养老、托育、家政等社区家庭服务业税费优惠政策的公告》
2019 年	《关于明确养老机构免征增值税等政策的通知》
2019 年	《关于深入推进医养结合发展的若干意见》
2019 年	《关于建立完善老年健康服务体系的指导意见》

续表

时间	政策
2019 年	《关于印发医养结合机构服务指南（试行）的通知》
2019 年	《关于加强老年护理服务工作的通知》
2019 年	《关于开展"互联网＋护理服务"试点工作的通知》
2020 年	《中华人民共和国民法典》
2020 年	《关于建立健全养老服务综合监管制度促进养老服务高质量发展的意见》
2020 年	《关于规范养老机构服务行为 做好服务纠纷处理工作的意见》
2020 年	《关于深化医疗保障制度改革的意见》
2020 年	《关于扩大长期护理保险制度试点的指导意见》
2020 年	《关于推动物业服务企业发展居家社区养老服务意见》
2020 年	《关于全面推进城镇老旧小区改造工作的指导意见》
2020 年	《关于开展示范性全国老年友好型社区创建工作的通知》
2020 年	《关于加快实施老年人居家适老化改造工程的指导意见》
2020 年	《关于切实解决老年人运用智能技术困难的实施方案》
2020 年	《互联网应用适老化及无障碍改造专项行动方案》
2021 年	《中华人民共和国人口与计划生育法》
2021 年	《中华人民共和国乡村振兴促进法》
2021 年	《中华人民共和国国民经济和社会发展第十四个五年规划和 2035 年远景目标纲要》
2021 年	《中共中央国务院关于加强新时代老龄工作的意见》
2021 年	《"十四五"国家老龄事业发展和养老服务体系规划》
2021 年	《关于建立健全职工基本医疗保险门诊共济保障机制的指导意见》
2021 年	《全国示范性老年友好型社区评分细则（试行）》
2021 年	《互联网网站适老化通用设计规范》
2021 年	《移动互联网应用（APP）适老化通用设计规范》
2022 年	《中华人民共和国体育法》
2022 年	《关于推动个人养老金发展的意见》
2023 年	《中华人民共和国刑法》

第一节　我国老年人权益保障的法律、法规与政策

一、老年人权益保障相关法律

《中华人民共和国宪法》规定："中华人民共和国公民在年老、疾病或者丧失劳动能力的情况下，有从国家和社会获得物质帮助的权利。"[①] 这一宪法条例为老年人获得一系列支持提供了坚实的法律基础。《中华人民共和国民法典》进一步明确，按照相关法律特别规定保护老年人的合法权益[②]。在澳门特别行政区，《中华人民共和国澳门特别行政区基本法》规定老年人受澳门特别行政区的关怀和保护。针对损害老年人权益的情况，《中华人民共和国刑法》设立虐待被监护、看护人罪，规定"对未成年人、老年人、患病的人、残疾人等负有监护、看护职责的人虐待被监护、看护的人，情节恶劣的，处三年以下有期徒刑或者拘役"[③]。

在民事法律中，《中华人民共和国民法典》第五编"婚姻家庭"将保护老年人的合法权益作为基本原则，并在家庭关系中对老年人的受赡养权、婚姻自由权、继承权给予保护，规定："成年子女不履行赡养义务的，缺乏劳动能力或者生活困难的父母，有要求成年子女给付赡养费的权利。""子女应当尊重父母的婚姻权利，不得干涉父母离婚、再婚以及婚后的生活。子女对父母的赡养义务，不因父母的婚姻关系变化而终止。""父母和子女有相互继承遗产的权利。"[④]《中

[①] 中华人民共和国宪法.（2018-03-22）[2023-01-12].http://www.gov.cn/guoqing/2018-03-22/content_5276318.htm.

[②] 中华人民共和国民法典.（2020-06-01）[2023-01-12].https://www.gov.cn/xinwen/2020-06-01/content_5516649.htm.

[③] 中华人民共和国刑法.（2020-12-26）[2023-01-12].https://www.pkulaw.com/chl/3b70bb09d2971662bdfb.html?keyword=%E4%B8%AD%E5%8D%8E%E4%BA%BA%E6%B0%91%E5%85%B1%E5%92%8C%E5%9B%BD%E5%88%91%E6%B3%95&way=listView.

[④] 同②.

华人民共和国基本医疗卫生与健康促进法》强调国家发展老年人保健事业，包括常见病与心理疾病预防治疗以及营养改善等①。《中华人民共和国社会保险法》规定："低收入家庭六十周岁以上的老年人和未成年人等所需个人缴费部分，由政府给予补贴。"②《中华人民共和国人口与计划生育法》规定："在国家提倡一对夫妻生育一个子女期间，按照规定应当享受计划生育家庭老年人奖励扶助的，继续享受相关奖励扶助，并在老年人福利、养老服务等方面给予必要的优先和照顾。"③《中华人民共和国乡村振兴促进法》规定："加强对农村留守儿童、妇女和老年人以及残疾人、困境儿童的关爱服务，支持发展农村普惠型养老服务和互助性养老。"④《中华人民共和国反家庭暴力法》强调须对遭受家庭暴力的老年人给予特殊保护。

此外，还有法律对老年人获取无障碍设施或服务的权益做出了规定和保障。《中华人民共和国旅游法》要求旅游经营者在组织、接待老年人旅游者时，采取相应的安全保障措施。《中华人民共和国法律援助法》要求根据情况为老年人提供无障碍设施设备和服务。《中华人民共和国体育法》强调国家依法保障公民平等参与体育活动的权利，给予老年人特别保障、无障碍环境、优惠等。

《中华人民共和国老年人权益保障法》是保障老年人合法权益的专门法律，具体内容涉及家庭赡养与扶养、社会保障、社会服务、社会优待、宜居环境、参与社会发展以及法律责任等，加上总则与附则共九章八十五条。

---

① 中华人民共和国基本医疗卫生与健康促进法（2019-12-29）[2023-01-12].https://www.gov.cn/xinwen/2019-12/29/content_5464861.htm.

② 中华人民共和国社会保险法.（2021-10-29）[2023-01-12].https://www.gov.cn/guoqing/2021-10/29/content_5647616.htm.

③ 中华人民共和国人口与计划生育法.[2023-01-12].http://www.taojiang.gov.cn/25934/25940/content_1324208.html.

④ 中华人民共和国乡村振兴促进法.（2021-04-30）[2023-01-12].https://www.gov.cn/xinwen/2021-04/30/content_5604050.htm.

二、《中华人民共和国老年人权益保障法》

《中华人民共和国老年人权益保障法》是为了保障老年人合法权益，发展老龄事业，弘扬中华民族敬老、养老、助老的美德而制定的法律。

该法最初在 1996 年 8 月 29 日第八届全国人民代表大会常务委员会第二十一次会议上通过，共设六章。除总则和附则外，其余四章分别规定了家庭赡养与扶养、社会保障、参与社会发展以及法律责任，对老年人的相关权责进行了较为详尽的规定。作为我国第一部保障老年人权益的专门法律，它的出台标志着我国老年人的权益保障正式步入法治化的轨道。但此版尚存在较多缺陷，如"核心地位没有得到明确、内容设置不完善、约束性条款与指导性条款未区分"[①] 等。

该法后续共进行了一次修订和三次修正，分别是：根据 2009 年 8 月 27 日第十一届全国人民代表大会常务委员会第十次会议《关于修改部分法律的决定》第一次修正；2012 年 12 月 28 日第十一届全国人民代表大会常务委员会第三十次会议修订；根据 2015 年 4 月 24 日第十二届全国人民代表大会常务委员会第十四次会议《关于修改〈中华人民共和国电力法〉等六部法律的决定》第二次修正；根据 2018 年 12 月 29 日第十三届全国人民代表大会常务委员会第七次会议《关于修改〈中华人民共和国劳动法〉等七部法律的决定》第三次修正。

《中华人民共和国老年人权益保障法》规定了"老年人是指六十周岁以上的公民"[②]，阐明了老年人有从国家和社会获得物质帮助的权利，有享受社会服务和社会优待的权利，有参与社会发展和共享发展成果的权利[③]。老年人的以下基本权益需要得到保障：受赡养权，不仅包括物质上的供给，还包括精神赡养

① 李向明. 老年权益保障的法律体系研究. 济南：山东大学，2012.
② 中华人民共和国老年人权益保障法 .（2021-10-29）[2022-10-12].https://www.gov.cn/guoqing/2021-10/29/content_5647622.htm.
③ 同②.

和生活照料；自由支配财产权，即老年人对个人的财产，依法享有占有、使用、收益和处分的权利；婚姻自由权，是指老年人的婚姻自由受法律保护，子女或其他亲属不得干涉老年人离婚、再婚及婚后的生活。《中华人民共和国老年人权益保障法》指出，国家要建立多层次的社会保障体系，保障老年人合法权益是全社会的共同责任，国家需要进行人口老龄化国情教育，支持老龄科学研究，明确各级人民政府和有关部门的权责。

（一）家庭赡养与扶养

关于养老体系，《中华人民共和国老年人权益保障法》第二章第十三条指出"老年人养老以居家为基础"[①]，呼应了总则中提出的国家建立和完善以居家为基础、社区为依托、机构为支撑的社会养老服务体系[②]，点明了多元主体参与赡养老年人的必要性和可行性。

关于赡养，该法规定，赡养人是指老年人的子女以及其他依法负有赡养义务的人，并详细规定了负有赡养义务的人员的条件。赡养的内容包括"经济上供养、生活上照料和精神上慰藉"[③]。该法同时规定，与老年人分开居住的家庭成员，应当经常看望或者问候老年人。其第十五条指出，"对生活不能自理的老年人，赡养人应当承担照料责任；不能亲自照料的，可以按照老年人的意愿委托他人或者养老机构等照料"[④]，这使机构养老成为合法合理的赡养方式。关于扶养，该法规定：一是老年人与配偶有相互扶养的义务，二是由兄、姐扶养的弟、妹成年后，有负担能力的，对年老无赡养人的兄、姐有扶养的义务。

在老年人神志清醒的时候，允许其为自己选择监护人。监护人一般按照法定顺位确定：可以是配偶、父母、成年子女、其他亲近亲属、关系亲密的其他

---

① 中华人民共和国老年人权益保障法.（2021-10-29）[2022-10-12].https://www.gov.cn/guoqing/2021-10/29/content_5647622.htm.

② 同①.

③ 同①.

④ 同①.

亲属、朋友。如果老年人没有提前指定，那么在其丧失了民事行为能力之后，一是按照法定顺位确定，二是通过指定确定，三是由人民法院裁定。监护人依法履行监护权利，受法律保护。

（二）社会保障

国家通过基本养老保险制度、基本医疗保险制度、长期护理保障工作、社会救助、社会福利等，依法保障老年人的基本生活需求、医疗需求、护理需求、居住需求、社会福利待遇需求等，且相关社会保障标准会根据国家经济发展状况适时提高。《中华人民共和国老年人权益保障法》承认"遗赠扶养协议"①的合法性，并且指明在住房领域，"实施廉租住房、公共租赁住房等住房保障制度或者进行危旧房屋改造时，应当优先照顾符合条件的老年人"②。

（三）社会服务

国家针对老年人建立以居家为基础、社区为依托、机构为支撑的社会服务体系，从机构、人才、配套设施等多方面入手，为老年人提供"生活服务、文化体育活动、日间照料、疾病护理与康复"③等多样化社会服务。

针对养老机构，自 2018 年新修正的《中华人民共和国老年人权益保障法》发布之日起，各级民政部门不再受理养老机构设立许可申请，机构设立转为依法在市场监督管理部门进行办理④。《中华人民共和国老年人权益保障法》还明确了县级以上人民政府对养老机构的监督检查权责，规定了"养老机构应当与接受服务的老年人或者其代理人签订服务协议"⑤，由此明确双方权责。

---

① 中华人民共和国老年人权益保障法.（2021-10-29）[2022-10-12].https://www.gov.cn/guoqing/2021-10/29/content_5647622.htm.
② 同①.
③ 同①.
④ 同①.
⑤ 同①.

另外，需建立健全老年服务人才培养体系，"将老年人健康管理和常见病预防等纳入国家基本公共卫生服务项目"[①]，发展老龄产业。

（四）社会优待

由县级以上人民政府及其相关部门制定并落实针对老年人的社会服务优待、法律服务优待、医疗服务优待、公共服务优待。《中华人民共和国老年人权益保障法》第五十三条强调"对常住在本行政区域内的外埠老年人给予同等优待"[②]。

（五）宜居环境

在规划、建设层面，统筹考虑、重点关注、及时改造"适合老年人的公共基础设施、生活服务设施、医疗卫生设施和文化体育设施"[③]。

（六）参与社会发展

老年人有参与社会发展和共享发展成果的权利。"国家和社会应当重视、珍惜老年人的知识、技能、经验和优良品德，发挥老年人的专长和作用，保障老年人参与经济、政治、文化和社会生活。"[④]此外，保护老年人的合法收入与继续受教育的权利。

（七）法律责任

"老年人合法权益受到侵害的，被侵害人或者其代理人有权要求有关部门处理，或者依法向人民法院提起诉讼。"[⑤]具体情况如下：部门或组织及其工作人员未依法履职，由其上级主管部门依法追责；老年人与其家庭成员因赡养、

---

① 中华人民共和国老年人权益保障法．（2021-10-29）[2022-10-12].https://www.gov.cn/guoqing/2021-10/29/content_5647622.htm.
② 同①．
③ 同①．
④ 同①．
⑤ 同①．

扶养或住房、财产等发生纠纷，可以申请调解，也可以直接提起诉讼；对于干涉老年人权益甚至虐待、实施家暴的个人或机构，可以根据具体情况依法分级追责。

三、我国老年人权益保障的中央文件

近年来，中共中央、国务院接连发布《中华人民共和国国民经济和社会发展第十四个五年规划和 2035 年远景目标纲要》《中共中央国务院关于加强新时代老龄工作的意见》《"十四五"国家老龄事业发展和养老服务体系规划》等重要文件，对老年人权益及相关保障做出进一步规定。

《中华人民共和国国民经济和社会发展第十四个五年规划和 2035 年远景目标纲要》在第十三篇第四十五章"实施积极应对人口老龄化国家战略"[①]的第三节提出"完善养老服务体系"[②]。具体做法是："推动养老事业和养老产业协同发展，健全基本养老服务体系，大力发展普惠型养老服务，支持家庭承担养老功能，构建居家社区机构相协调、医养康养相结合的养老服务体系。完善社区居家养老服务网络，推进公共设施适老化改造，推动专业机构服务向社区延伸，整合利用存量资源发展社区嵌入式养老。强化对失能、部分失能特困老年人的兜底保障，积极发展农村互助幸福院等互助性养老。深化公办养老机构改革，提升服务能力和水平，完善公建民营管理机制，支持培训疗养资源转型发展养老，加强对护理型民办养老机构的政策扶持，开展普惠养老城企联动专项行动。加强老年健康服务，深入推进医养康养结合。加大养老护理型人才培养力度，扩大养老机构护理型床位供给，养老机构护理型床位占比提高到 55%，更好满足高龄失能失智老年人护理服务需求。逐步提升老年人福利水平，完善经济困

---

① 中华人民共和国国民经济和社会发展第十四个五年规划和 2035 年远景目标纲要 . （2021-03-13）[2022-10-12].http://www.gov.cn/xinwen/2021-03/13/content_5592681.htm.

② 同①.

难高龄失能老年人补贴制度和特殊困难失能留守老年人探访关爱制度。健全养老服务综合监管制度。构建养老、孝老、敬老的社会环境，强化老年人权益保障。综合考虑人均预期寿命提高、人口老龄化趋势加快、受教育年限增加、劳动力结构变化等因素，按照小步调整、弹性实施、分类推进、统筹兼顾等原则，逐步延迟法定退休年龄，促进人力资源充分利用。发展银发经济，开发适老化技术和产品，培育智慧养老等新业态。"①

2021 年 11 月，《中共中央国务院关于加强新时代老龄工作的意见》以健全养老服务体系、完善老年人健康支撑体系、促进老年人社会参与、着力构建老年友好型社会、积极培育银发经济、强化老龄工作保障和加强组织实施等为抓手进行部署。意见提出，健全养老服务体系要建立基本养老服务清单制度，完善多层次养老保障体系。清单制度强调各地要根据财政承受能力，对不同老年群体分类提供适宜服务。意见明确支持老年人进行积极的社会参与，扩大老年教育资源供给、提升老年文化体育服务质量，鼓励老年人在劳动就业、志愿服务等方面继续发挥作用。

2021 年 12 月，国务院印发《"十四五"国家老龄事业发展和养老服务体系规划》。规划指出，将养老服务供给不断扩大、老年健康支撑体系更加健全、为老服务多业态创新融合发展、要素保障能力持续增强、社会环境更加适老宜居作为发展目标。规划全文贯穿两条主线：一方面，推动养老服务体系高质量发展。规划提出，要织牢社会保障和兜底性养老服务网，扩大普惠型养老服务覆盖面，强化居家社区养老服务能力，完善老年健康支撑体系。另一方面，推动老龄事业和产业协同发展。规划提出，要大力发展银发经济，践行积极老龄观，营造老年友好型社会环境，增强发展要素支撑体系。

---

① 中华人民共和国国民经济和社会发展第十四个五年规划和 2035 年远景目标纲要．（2021-03-13）[2022-10-12].http：//www.gov.cn/xinwen/2021-03/13/content_5592681.htm.

第二节 我国老龄政策重点领域发展状况

一、养老保障领域

我国已初步构建起以基本养老保险为基础，以企业（职业）年金为补充，与个人储蓄性养老保险和商业养老保险相衔接的"三支柱"多层次养老保险体系。

（一）坚定兜底保障

我国政府对生活确有困难的老年人，通过多种渠道给予生活、教育、住房和其他社会救助。2014年通过的《社会救助暂行办法》（已于2019年修订）完善了我国的社会救助体系。包括：最低生活保障、特困人员供养、受灾人员救助、医疗救助、教育救助、住房救助、就业救助以及临时救助等多种救助方式，从制度上进一步扩大和保障了老年人可以获得的社会救助范围。《中华人民共和国老年人权益保障法》第三十一条规定："国家对经济困难的老年人给予基本生活、医疗、居住或者其他救助。老年人无劳动能力、无生活来源、无赡养人和扶养人，或者其赡养人和扶养人确无赡养能力或者扶养能力的，由地方各级人民政府依照有关规定给予供养或者救助。对流浪乞讨、遭受遗弃等生活无着的老年人，由地方各级人民政府依照有关规定给予救助。"[1] 截至目前，共有十三个省、直辖市在各自的《老龄事业发展和养老服务体系"十四五"规划》等政策文件中详细规定了相关老年救助制度以及老年救助标准等。

（二）普及第一支柱

我国养老保障改革的一项重点是促进养老保障制度的公平性、普惠性发展。

---

[1] 中华人民共和国老年人权益保障法．（2021-10-29）[2023-10-12].https://www.gov.cn/guoqing/2021-10/29/content_5647622.htm.

在推进建立城乡统筹的基本养老保险制度方面，国务院于 2014 年 2 月下发《关于建立统一的城乡居民基本养老保险制度的意见》，决定在总结新型农村社会养老保险和城镇居民社会养老保险试点经验的基础上将两项制度合并实施，在全国范围内建立统一的城乡居民基本养老保险制度。养老保障制度的覆盖范围得到进一步拓展，农村居民和城镇非就业居民被纳入统一的基本养老保障体系，养老保障制度城乡分割的局面被打破。随后，人力资源和社会保障部、财政部又联合印发了《城乡养老保险制度衔接暂行办法》，以解决城镇职工基本养老保险与城乡居民基本养老保险两大制度的衔接问题。

在推进企业与机关事业单位养老保险制度并轨方面，国务院于 2015 年 1 月发布《关于机关事业单位工作人员养老保险制度改革的决定》，旨在改革现行机关事业单位工作人员退休保障制度，逐步建立独立于机关事业单位之外、资金来源多渠道、保障方式多层次、管理服务社会化的养老保险体系。这一决定不仅表明了养老金"并轨"迈出了实现公平养老的关键一步，也是加快推进城乡养老保障体系建设的重大举措。在推进区域间平衡发展方面，2018 年 5 月，国务院发布《关于建立企业职工基本养老保险基金中央调剂制度的通知》，要求建立养老保险基金中央调剂制度，这向实现养老保险全国统筹的目标迈出了第一步。

从取得的成效来看，截至 2021 年，全国基本养老保险参保人数达 102 871 万人，其中城镇职工基本养老保险参保人数从 2017 年的 40 293 万人增加到 2021 年末的 48 074 万人，增加了 7 781 万人，增长了 19.3%；城乡居民基本养老保险参保人数从 2017 年的 51 255 万人增加到 2021 年的 54 797 万人，增加了 3 542 万人，增长了 6.9%。

（三）健全二三支柱

随着人口年龄结构的进一步老化，为实现社会保障制度的可持续性发展，健全多层次养老保障体系，发展第二、三支柱养老保险成为党的十八大以后社会保障制度改革的另一个重要内容。2015年3月，国务院办公厅印发了《机关事业单位职业年金办法》，要求为机关事业单位及其工作人员在参加机关事业单位基本养老保险的基础上，建立补充养老保险制度。与此同时，继2004年发布《企业年金试行办法》后，人力资源和社会保障部联合财政部于2017年12月发布《企业年金办法》，要求合理区分政府、企业和个人的养老责任，促进养老保险制度可持续发展。

同时，为了促进市场机制发挥更大的作用，为不同群体提供个性化、差异化的养老保障，2014年6月中国保险监督管理委员会（现为国家金融监督管理总局）发布《关于开展老年人住房反向抵押养老保险试点的指导意见》，推动创新养老保险产品服务、个人储蓄性养老保险发展，鼓励保险业积极参与养老服务业发展，丰富养老保障方式。2017年，《国务院办公厅关于加快发展商业养老保险的若干意见》发布，以促进商业养老保险、养老服务业多层次、多样化发展，应对人口老龄化趋势。

《"十三五"国家老龄事业发展和养老体系建设规划》强调："构建包括职业年金、企业年金，以及个人储蓄性养老保险和商业保险的多层次养老保险体系"，并"推进个人税收递延型商业养老保险试点"①。《"十四五"国家老龄事业发展和养老服务体系规划》进一步强调：不断扩大基本养老保险覆盖面；尽快实现企业职工基本养老保险全国统筹；大力发展企业年金、职业年金，提高企业年金覆盖率，促进和规范发展第三支柱养老保险，推动个人养老金发展。2018年，财政部等五部门联合印发《关于开展个人税收递延型商业养老保险试点的通知》，决定开展个人税收递延型商业养老保险试点，探索发展第三支柱养老金制度。2022年，国务院办公厅印发《关于推动个人养老金发展的意见》，为养老保险第三支柱的建设提供制度保障，与基本养老保险、企业（职业）年

---

① 国务院关于印发"十三五"国家老龄事业发展和养老体系建设规划的通知.（2017-02-28）[2023-01-13]. http://www.gov.cn/gongbao/content/2017/content_5181078.htm.

金相衔接。总体而言，党的十八大以来，我国已初步构建起以基本养老保险为基础，以企业（职业）年金为补充，与个人储蓄性养老保险和商业养老保险相衔接的"三支柱"多层次养老保险体系。

二、养老服务领域

随着老龄化程度不断加深，老年人口规模持续扩大，养老需求急剧增加。与此同时，家庭小型化、少子化、人口流动使得单纯依靠传统的家庭养老不再能够适应我国老年人的养老需求，促使这一时期养老服务政策密集出台，养老服务政策快速发展[1]。

（一）扩大多元供给

为了保障与扩大全社会养老服务的有效供给，2012年民政部发布《关于鼓励和引导民间资本进入养老服务领域的实施意见》，鼓励民间资本参与提供养老服务。2015年，民政部、国家发展改革委等十部门再次发文强调市场在资源配置中的决定性作用。同年4月，国家发展改革委办公厅、民政部办公厅以及全国老龄办综合部发布《关于进一步做好养老服务业发展有关工作的通知》，提出加大企业债券融资方式对养老产业的支持力度，引导和鼓励社会投入。2016年12月，国务院办公厅印发《关于全面放开养老服务市场提升养老服务质量的若干意见》，提出到2020年要实现养老服务市场全面放开，具体路径包括降低准入门槛、放宽外资准入和精简行政审批环节[2]。上述一系列措施让更多主体可以参与养老服务供给，扩大了养老服务的供给能力。

为了进一步培育养老服务市场，2017年8月，财政部等三部门联合发布《关于运用政府和社会资本合作模式支持养老服务业发展的实施意见》（已失效），鼓

---

[1] 林宝.康养结合：养老服务体系建设新阶段.华中科技大学学报（社会科学版），2021，35（5）.
[2] 同①.

励运用政府和社会资本合作，即公私合营模式（public-private-partnership，PPP）推进养老服务业供给侧结构性改革，加快养老服务业培育与发展，形成多层次、多渠道、多样化的养老服务市场。

2019 年 4 月，《国务院办公厅关于推进养老服务发展的意见》发布，推动了养老服务供给结构不断优化、社会有效投资明显扩大、养老服务质量持续改善、养老服务消费潜力充分释放。2019 年 9 月，民政部印发《关于进一步扩大养老服务供给促进养老服务消费的实施意见》，要求全方位优化养老服务有效供给，繁荣老年用品市场，优化养老服务营商和消费环境。2020 年 11 月，国务院办公厅印发《关于建立健全养老服务综合监管制度促进养老服务高质量发展的意见》，提出要加快形成高效规范、公平竞争的养老服务统一市场。

（二）普惠基本服务

2013 年 12 月，民政部发布《关于建立养老服务协作与对口支援机制的意见》，提出要通过建立养老服务协作与对口支援机制，加快农村和欠发达地区养老服务业发展，促进基本养老服务均等化。2014 年 8 月，财政部等四部门联合发布《关于做好政府购买养老服务工作的通知》，明确要以老年人基本养老服务需求为导向，将政府购买服务与满足老年人基本养老服务需求相结合，充分发挥市场配置资源的决定性作用，优先保障经济困难的孤寡、失能、高龄等老年人的服务需求。2014 年 9 月，财政部、民政部、全国老龄工作委员会办公室发布《关于建立健全经济困难的高龄失能等老年人补贴制度的通知》，进一步对经济困难的高龄、失能等老年人予以养老服务补贴，推动实现基本养老服务均等化。2019 年，国家发展改革委、民政部、国家卫生健康委等部门联合印发《城企联动普惠养老专项行动实施方案（试行）》，明确要建立"普惠导向"的养老服务。2021 年，《中共中央国务院关于加强新时代老龄工作的意见》发布，再次强调了"健全养老服务体系"，发展"普惠型养老服务"和"互助式养老服务"，进一步明确了发展面向全体居民的基本养老服务的重要性。

（三）健全服务体系

2017 年 2 月，《"十三五"国家老龄事业发展和养老体系建设规划》指出，要使居家为基础、社区为依托、机构为补充、医养相结合的多层次养老服务体系更加健全。与 2013 年提出的养老服务体系建设规划相比，机构的定位由"支撑"转变为"补充"，这一变化进一步凸显了居家和社区养老的重要地位。由于传统家庭养老功能弱化和机构养老服务能力不足，加之我国绝大多数老年人居家养老、就近获取社区养老服务的需求迫切，党的十八大以来中央出台了一系列政策推动居家社区养老服务的发展。2016 年 7 月，民政部、财政部印发《关于中央财政支持开展居家和社区养老服务改革试点工作的通知》，提出要巩固居家和社区养老服务在养老服务体系中的基础地位，满足绝大多数有需求的老年人在家或社区享受养老服务的愿望，提高居家和社区养老服务水平。此后，民政部和财政部连续 5 年选择多个地区进行改革试点。2017 年 6 月，国务院办公厅印发《关于制定和实施老年人照顾服务项目的意见》，提出要发展居家养老服务，为居家养老服务企业发展提供政策支持。2019 年 6 月，财政部等发布《关于养老、托育、家政等社区家庭服务业税费优惠政策的公告》，对社区养老服务予以税费优惠，以鼓励社区养老服务发展。

（四）改革养老机构

为了充分发挥机构养老的补充作用，提升养老机构的服务质量，2013 年 12 月，民政部发布《关于开展公办养老机构改革试点工作的通知》，要求明确公办养老机构职能定位，创新发展模式，丰富服务内容，更好地发挥公办养老机构在保障基本养老服务中的功能和作用。为进一步拓展试点工作成果，推动在更大范围内开展公办养老机构改革，2016 年 8 月，民政部办公厅、国家发展改革委办公厅联合印发《关于开展以公建民营为重点的第二批公办养老机构改革试点工作的通知》，提出重点是促进公办养老机构开展公建民营（公建民营是指政府通过承包、委托、联合经营等方式将政府拥有所有权，但尚未投入运营的新建养老设施的运营权交由企业、社会组织或是个人的一种运营模式）。2020 年 5 月，民政部、国家发展改革委在总结全国公办养老机构改革试点工作的基础上，对试点工作成果进行推广运用。2019 年 2 月，财政部、国家税务总局发布《关于明确养老机构免征增值税等政策的通知》，鼓励机构养老进一步发展。同时，为保证机构养老的规范性和质量，完善提高养老院服务质量的长效机制，2016 年 11 月，民政部和工商总局发布《关于印发〈养老机构服务合同〉（示范文本）的通知》，规范养老机构服务行为，保护老年人合法权益。2017 年 12 月，国家质检总局（现为国家市场监督管理总局）、国家标准委发布《养老机构服务质量基本规范》，紧扣养老服务的安全底线和基本功能，明确全国养老机构服务质量的基本要求，标志着全国养老机构服务质量迈入标准化管理的时代。自 2017 年开始，我国开展了为期四年的养老院服务质量建设专项行动，截至 2020 年年底，共整治了 42.2 万处服务隐患，基本消除了养老机构存量安全隐患。2020 年 7 月，民政部、中央政法委等六部门联合印发《关于规范养老机构服务行为 做好服务纠纷处理工作的意见》，以保护老年人和养老机构的合法权益。2020 年 9 月，民政部公布《养老机构管理办法》，对养老机构设立许可取消后备案管理的衔接做出规范，提出新的监管要求。2021 年 11 月，民政部、住房和城乡建设部以及市场监管总局联合发布《关于推进养老机构"双随机、一公开"监管的指导意见》，规定具体执行方式为执法检查部门从检查对象名录库中随机抽取一定比例的检查对象，从执法检查人员名录库中随机抽取执法检查人员，依照法定职责进行监督检查，并将抽查情况和查处结果向社会公开，以此进一步规范监管行为，提高监管效能，加强综合监管的法治化、规范化、常态化。

（五）探索农村模式

由于农村大量青壮年劳动力流向城镇，我国农村人口老龄化程度高于城镇、速度快于城镇，"城乡倒置"特征明显。农村养老服务资源严重不足，仍然处于保基本的初级阶段，只有少数五保老人可获得最基本的养老服务。养老服务资源供给与农村老年人养老服务需求不平衡的问题日益突出[①]。为了弥补农村养老服务的不足，2013 年《国务院关于加快发展养老服务业的若干意见》、2016 年《关于全面放开养老服务市场提升养老服务质量的若干意见》、2017 年《"十三五"国家老龄事业发展和养老体系建设规划》等一系列政策有效回应了农村老年人的养老服务需求，都强调加强农村养老服务建设，全面放开养老服务市场，吸引更多社会力量为农村老年人提供质优价廉的养老服务。2017 年 12 月，民政部等九部门印发《关于加强农村留守老年人关爱服务工作的意见》，提出要对农村留守老年人予以关注，同时要加强养老资源统筹和整合能力，清晰界定各方对农村留守老年人关爱服务的职责。2018 年颁布的《中共中央、国务院关于实施乡村振兴战略的意见》要求构建多层次农村养老保障体系。2018 年公布的《乡村振兴战略规划（2018—2022 年）》进一步强调提升农村养老服务能力。2018 年 7 月，民政部印发《民政部贯彻落实〈中共中央 国务院关于打赢脱贫攻坚战三年行动的指导意见〉行动方案》，将加大特困人员救助供养和临时救助工作力度、支持贫困地区发展养老服务等列为重点，进一步部署支持贫困地区发展养老服务，做好贫困地区农村老年人关爱保护工作。

以熟人社会和家庭养老为基础的互助养老，为中国提供了低成本、高质量的养老模式，为中国应对老龄化提供了战略选择[②]。2016 年发布的《关于全面放开养老服务市场提升养老服务质量的若干意见》提出：要积极开发老年人力资源，为老年人的家庭成员提供养老服务培训，倡导"互助养老"模式。2016 年，民政部和国家发展改革委发布《民政事业发展第十三个五年规划》，提出大力支持农村互助型养老服务设施建设，发挥村民自治组织作用，积极动员村民和社会力量参与运营服务。2017 年发布的《"十三五"国家老龄事业发展和养

① 林宝．中国农村人口老龄化的趋势、影响与应对．西部论坛，2015，25（2）.
② 贺雪峰．农村留守老人的三种类型与养老问题．决策，2020（11）.

老体系建设规划》提供了发展的具体路径，指出可以通过邻里互助、亲友相助、志愿服务等模式和举办农村幸福院、养老大院等方式，大力发展农村互助养老服务。

三、健康服务领域

尽管我国老年人的平均预期寿命不断延长，但这并不意味着健康余寿的增加，长寿但并不健康的状态在我国老年人当中较为普遍[①]。但长期以来，我国的养老服务和医疗服务处于互不衔接的状态，不能满足老年人的医疗和护理需求[②]。为了促进养老服务与医疗服务的融合发展，加快发展健康养老服务，2013年印发的《国务院关于加快发展养老服务业的若干意见》首次提出，要积极推进医疗卫生与养老服务相结合，推动医养融合发展，促进医疗卫生资源进入养老机构、社区和家庭，同时也提出要发展长期护理保险等保险产品。从此，我国开启了医养融合发展、探索提供长期照护服务的新阶段。

（一）完善医保制度

党的十八大以来，全民医疗保障制度改革持续推进，在破解看病难、看病贵问题上取得了突破性进展。党的十九大对全面建立中国特色医疗保障制度进行了决策部署，着力解决医疗保障发展不平衡不充分的问题。目前，我国已建立了世界上规模最大的基本医疗保障网，截至2023年年底，全国基本医疗保险参保人数达13.34亿人，参保率为95%。为进一步统筹城乡基本医疗保险制度发展，2016年1月国务院发布《关于整合城乡居民基本医疗保险制度的意见》，要求将城镇居民基本医疗保险和新型农村合作医疗两项制度合并，建立统一的

---

① 赵晓峰.中国农村基层的简约主义治理：发生机制与功能定位.西北农林科技大学学报（社会科学版），2014，14（6）.
② 黄佳豪，孟昉."医养结合"养老模式的必要性、困境与对策.中国卫生政策研究，2014，7（6）.

城乡居民基本医疗保险制度，实现城乡居民公平享有基本医疗保险权益。2016年3月，《中华人民共和国国民经济和社会发展第十三个五年规划纲要》进一步提出要健全全民医疗保障体系。随着人口流动、老年人异地养老等现象的普遍化，医疗保险异地就医即时结算的需求越来越迫切。2017年，《"十三五"国家老龄事业发展和养老体系建设规划》提出，应加快推进基本医疗保险全国联网和异地就医结算，巩固完善城乡居民大病保险，同时鼓励发展补充医疗保险和商业健康保险、老年人意外伤害保险。同年6月，国务院办公厅印发《关于制定和实施老年人照顾服务项目的意见》，也提出要加快推进基本医疗保险异地就医结算工作。2020年2月，中共中央、国务院发布《关于深化医疗保障制度改革的意见》，进一步提出要完善基本医疗保险制度，促进多层次医疗保障体系发展。2021年4月，国务院办公厅印发《关于建立健全职工基本医疗保险门诊共济保障机制的指导意见》，旨在适应我国老龄化发展趋势，加强对门诊的保障力度，改善老年人小病时不舍得花钱治疗，小病拖成大病，最终不得不住院治疗的情况。

（二）发展医养结合

2013年9月，国务院发布《关于促进健康服务业发展的若干意见》，强调要加快发展健康养老服务，推进医疗机构与养老机构等加强合作，在养老服务中充分融入健康理念，加强医疗卫生服务支撑，发展社区健康养老服务。2015年11月，由民政部等九部门联合发布的《关于推进医疗卫生与养老服务相结合的指导意见》，对进一步推进医疗卫生与养老服务相结合进行了全面部署，提出了五个重点任务：一是建立健全医疗卫生机构与养老机构合作机制；二是支持养老机构开展医疗服务；三是推动医疗卫生服务延伸至社区、家庭；四是鼓励社会力量兴办医养结合机构；五是鼓励医疗卫生机构与养老服务融合发展。

中共中央、国务院于2016年10月印发的《"健康中国2030"规划纲要》对医养结合发展做出了进一步指示，鼓励开放健康养老服务市场。同年12月，国务院印发《"十三五"卫生与健康规划》，推动医疗卫生与养老服务融合发展，并指出要开展长期护理保险试点，探索建立长期护理保险制度。为了维护老年健康权益和满足老年健康服务需求，实现健康老龄化，建设健康中国，国家发展改革委等十三部门联合印发《"十三五"健康老龄化规划》，提出将老年健康服务作为中心任务，优化老年健康与养老资源配置与布局，补齐短板，加快推进整合型老年健康服务体系建设。其特别强调，要大力发展医养结合服务，推动居家老年人长期照护服务的发展。

2017 年，国务院印发《"十三五"国家老龄事业发展和养老体系建设规划》，提出将"居家为基础、社区为依托、机构为补充、医养相结合的养老服务体系更加健全"作为"十三五"时期老龄事业的发展目标。医疗与养老融合发展正式成为养老服务体系建设的又一重点。为了深入推进医养结合发展，进一步完善医养相结合的多层次养老服务体系，2019 年 4 月，国务院办公厅发布的《关于推进养老服务发展的意见》提出，可以通过促进现有医疗卫生机构和养老机构合作，简化医养结合机构设立流程，同时促进农村、社区的医养结合来提升医养结合服务能力。2019 年 10 月，国家卫生健康委等十二部门联合发布《关于深入推进医养结合发展的若干意见》。随后，国家卫生健康委等八部门联合发布《关于建立完善老年健康服务体系的指导意见》，提出要着力构建包括健康教育、预防保健、疾病诊治、康复护理、长期照护、安宁疗护的综合连续、覆盖城乡的老年健康服务体系，以维护老年人健康权益，满足老年人健康服务需求。为规范医养结合机构服务内容，提高医养结合机构服务质量，2019 年 12 月，国家卫生健康委等发布《关于印发医养结合机构服务指南（试行）的通知》，希望推进医养结合机构"放管服"改革，鼓励社会力量积极参与医养结合发展。

（三）试点长期照护

由于人口快速老化和高龄化，失能失智的老年人口数量急剧增加，根据第四次中国城乡老年人生活状况抽样调查结果，失能、半失能老年人口已达 4 063

万人，占我国老年总人口的18.3%，预计到2050年会超过9000万人。不断扩大的失能失智群体使得发展长期照护服务和建立长期照护保险制度的需求日趋强烈。

2015年，原国家卫生计生委等部门首次提出探索建立多层次长期照护保障体系。一方面，要建立健全长期照护项目内涵、服务标准以及质量评价等行业规范和体制机制；另一方面，要开发包括长期商业护理保险在内的多种老年护理保险产品，鼓励有条件的地方探索建立长期护理保险制度。

为推动探索建立长期护理保险制度，推进建设长期照护服务体系，进一步健全更加公平、更可持续的社会保障体系，2016年6月，《人力资源社会保障部办公厅关于开展长期护理保险制度试点的指导意见》发布，决定在全国15个城市开展长期护理保险制度试点，希望通过试点探索适应我国社会主义市场经济体制的长期护理保险制度政策框架。2019年4月印发的《国务院办公厅关于推进养老服务发展的意见》再次强调，要建立长期照护服务项目、标准、质量评价等行业规范，完善居家、社区、机构相衔接的专业化长期照护服务体系，鼓励发展商业性长期护理保险产品。国家卫生健康委办公厅、国家中医药管理局办公室于2019年12月发布《关于加强老年护理服务工作的通知》，提出要增加老年护理服务供给，逐步满足老年患者多样化、差异化的护理服务需求，同时提出要建立覆盖老年人群疾病急性期、慢性期、康复期、长期照护期、生命终末期的护理服务体系。2020年9月，国家医保局会同财政部印发《关于扩大长期护理保险制度试点的指导意见》，指出在现有试点的基础上，新增14个试点城市（区）。为确保长期照护服务能够跟上，国家卫生健康委等部门发布了《关于开展老年护理需求评估和规范服务工作的通知》《关于加强老年护理服务工作的通知》等文件，为增加老年护理服务供给、精准对接老年人特别是失能老年人的护理服务需求、建立覆盖老年人群疾病的多层次护理服务体系，提出了工作要求，提供了方向指导。

四、社会参与领域

积极老龄化[①]政策框架是国际社会应对 21 世纪人口老龄化的重要指导框架。其中，鼓励老年人在各个领域的参与成为提高老年人生活质量、满足老年人精神文化生活需求，同时解决劳动力结构性短缺问题的重要策略。

党的十八大以来，党和国家对老年人社会参与的重视程度不断提高，各部门出台了一系列政策为老年人社会参与提供机会和支持。在 2009 年、2012 年、2015 年和 2018 年，我国对《中华人民共和国老年人权益保障法》进行了一次修订和三次修正，修改后的法律在原有基础上，对老年人参与社会发展进行了更为详细的界定，指出国家和社会要保障老年人参与经济、政治、文化和社会生活，这为进一步推动老年人社会参与提供了法律保障。2016 年 5 月 27 日，中共中央政治局就我国人口老龄化的形势和对策举行第三十二次集体学习时，习近平总书记强调，要着力发挥老年人积极作用，发挥老年人优良品行在家庭教育中的潜移默化作用和对社会成员的言传身教作用，发挥老年人在化解社会矛盾、维护社会稳定中的经验优势和威望优势，为老年人参与社会、发挥作用创造条件。这为新时代发展老年人社会参与指明了方向。老年人社会参与成为"十三五"期间国家老龄事业发展和养老体系建设的主要指标之一。近年来，《国家积极应对人口老龄化中长期规划》《中华人民共和国国民经济和社会发展第十四个五年规划和 2035 年远景目标纲要》等国家级规划文件的出台，为"十四五"时期以及 21 世纪中叶之前老年人社会参与的发展明确了目标。

（一）力推老年教育

早在 2002 年，《马德里老龄问题国际行动计划》就提出，教育是积极而充

---

① "积极老龄化"理念早在 2002 年由世界卫生组织提出，在其提交给联合国第二届世界老龄大会的《积极老龄化：政策框架》中，"积极老龄化"被定义为"最大限度地提高老年人健康、参与和保障的水平，确保所有人在老龄化过程中能够不断提升生活质量"。

实的生活的重要基础。老年群体在社会参与问题上面临的矛盾，说到底是老年自身发展与社会发展之间不一致的矛盾，解决这一矛盾很重要的一点是提升老年人的人力资本[①]。因此，推动老年教育发展，既是发展老年人社会参与本身，也是促进老年人社会参与的基础保障。2013 年 12 月，全国老龄办等部门提出老年活动场所、老年教育资源要对城乡老年人公平开放，公共教育资源应为老年人学习提供指导和帮助。为积极应对人口老龄化，满足老年人多样化的学习需求，提升老年人生活品质，《国家中长期教育改革和发展规划纲要（2010—2020 年）》提出，要重视老年教育，倡导全民阅读，广泛开展城乡社区教育，加快各类学习型组织建设，基本形成全民学习、终身学习的学习型社会。这是老年教育第一次被正式纳入我国教育改革发展的体系。2016 年 10 月，国务院办公厅发布《老年教育发展规划（2016—2020 年）》，这是我国历史上首个关于老年教育的专项规划。该规划提出，到 2020 年，"以各种形式经常性参与教育活动的老年人占老年人口总数的比例达到 20% 以上"，并提出实现这一目标的五项主要任务和五项重点推进计划。2017 年 1 月，国务院发布《国家教育事业发展"十三五"规划》，特别提出要统筹扩大继续教育服务，推进老年教育机构逐步纳入地方公共服务体系，完善老年人学习服务体系。2017 年 6 月，国务院办公厅印发《关于制定和实施老年人照顾服务项目的意见》，指出要倡导制定老年人参与社会发展支持政策，发挥老年人积极作用，同时将老年教育资源向老年人公平有序开放。2019 年 4 月发布的《国务院办公厅关于推进养老服务发展的意见》也指出要大力发展老年教育：优先发展社区老年教育，建立全国老年教育公共服务平台。2019 年 11 月，《国家积极应对人口老龄化中长期规划》发布，提出要改善人口老龄化背景下的劳动力有效供给，通过构建老有所学的终身学习体系，提高我国人力资源整体素质。此外，《中国教育现代化 2035》和《国务院办公厅关于促进养老托育服务健康发展的意见》对社区老年教育和网上

---

① 刘颂. 积极老龄化框架下老年社会参与的难点及对策. 南京人口管理干部学院学报，2006（4）.

老年大学的关注表明了我国老年教育工作进入全方位提升阶段。

（二）鼓励志愿服务

老年志愿服务也是老年人参与社会的一种重要形式，老年人参与志愿服务能够在一定程度上有效弥补社会服务的不足。老年志愿服务的自我选择性更加明显，这也为改善老年人的健康福祉、积极应对人口老龄化开辟了一条新的路径[①]。《国家人口发展规划（2016—2030年）》提出，要"鼓励老年人积极参与家庭发展、互助养老、社区治理、社会公益等活动，继续发挥余热并实现个人价值"。2017年发布的《"十三五"国家老龄事业发展和养老体系建设规划》提出，可以通过培育积极老龄观、加强老年人力资源开发、发展老年志愿服务、引导基层老年社会组织规范发展以扩大老年人社会参与。同时，其结合各方面工作发展实际，规定了经常性参与教育活动的老年人口比例达到20%以上、老年志愿者注册人数占老年人口比例达到12%等具体指标。在其他领域的发展中，老年志愿服务的作用也在逐渐突显。例如在教育领域，《老年教育发展规划（2016—2020年）》提出，要组织引导离退休老干部、老同志讲好中国故事、弘扬中国精神、传播中国好声音；发挥老年人在教育引导青少年继承优良传统、培育科学精神等方面的积极作用；广泛开展老年志愿服务活动，到2020年力争每个老年大学培育1～2支老年志愿者队伍，老年学校普遍建有志愿者服务组织。在养老服务领域，2016年7月，民政部与财政部联合发布《关于中央财政支持开展居家和社区养老服务改革试点工作的通知》，涉及三批共90个试点地区。其中多个试点在制定的《试点工作方案》中，都将探索"时间银行"、建立为老服务长效机制作为一项重要内容。接下来，民政部争取在试点基础上建立能够在全国推广的运行模式。以低龄健康老年人为主体的志愿服务模式也是农村开展互助养老的主要方式之一。2020年11月，民政部等部门发布

---

① 高翔，温兴祥.城市老年人志愿服务参与对其健康的影响.人口与经济，2019（4）.

《关于推动物业服务企业发展居家社区养老服务的意见》，指出要共同健全社区动员和参与机制，加强对老年人的精神关爱服务，为老年人参与社区生活搭建平台。

（三）开发老年人资源

随着我国老龄化程度日益加深，人口红利逐渐消失，当前的人口结构已经不利于经济和社会的发展，提高劳动者尤其是高龄者的劳动参与率显得尤为迫切[①]，所以老年人的经济参与也成为老年人社会参与的一个重要方面。实施延迟退休年龄的政策，是十八届三中、五中全会提出的重要任务。2016 年 12 月国务院印发的《国家人口发展规划（2016—2030 年）》也明确了要积极开发老年人力资源，充分发挥老年人参与经济社会活动的主观能动性和积极作用，实施渐进式延迟退休年龄政策。2021 年 3 月，《中华人民共和国国民经济和社会发展第十四个五年规划和 2035 年远景目标纲要》进一步提出了延迟退休的四项原则，明确了延迟退休改革不会一步到位，而是会按照"小步调整、弹性实施、分类推进、统筹兼顾"等原则渐进式改革，区分不同群体逐步延迟法定退休年龄。2024 年 9 月，第十四届全国人民代表大会常务委员会第十一次会议通过《全国人民代表大会常务委员会关于实施渐进式延迟法定退休年龄的决定》，批准《国务院关于渐进式延迟法定退休年龄的办法》。这意味着未来老年人进行劳动参与的时间和机会将会更多，且个人在其中有提前退休的自主选择空间。此外，延迟退休改革是一项系统工程，与之相关的配套政策和保障措施非常多，需要统筹谋划、协同推进。2021 年 11 月，《中共中央国务院关于加强新时代老龄工作的意见》更为具体地提出了要"在学校、医院等单位和社区家政服务、公共场所服务管理等行业，探索适合老年人灵活就业的模式"[②]，同时配套建立

---

① 李涛. 高龄劳动者就业中年龄歧视的法律规制. 江海学刊，2019（1）.
② 中共中央国务院关于加强新时代老龄工作的意见.（2021-11-25）[2023-01-13].http://www.news.gmv.cn/2021-11/25/content_35335580.htm.

老年人才信息库、职业技能培训和创新创业指导。2022 年 8 月，由中国老龄协会老年人才信息中心主办的"中国老年人才网"正式上线，标志着我国老年人才信息库和老年人才信息服务平台启动建设，为老年人再就业拓宽渠道、搭建平台。

五、宜居环境领域

（一）宜居环境入法

加强老年宜居环境建设是"五位一体"总体布局中生态文明理念在积极应对人口老龄化领域的具体体现。为减少甚至消除外部环境对老年人健康发展和参与社会的限制，促使老年人的生活环境由生存型、发展型向参与型转变，党和国家一直以来持续提高老龄化社会的包容共享性，加快构建全龄友好型环境，推进老龄化社会治理体系和治理能力现代化。

2012 年，"宜居环境"作为独立章节新修入《中华人民共和国老年人权益保障法》并被保留至今，提出"国家采取措施，推进宜居环境建设，为老年人提供安全、便利和舒适的环境"[1]。老年宜居环境建设由此上升为法律层面的要求。同年，我国第一部无障碍环境建设行政法规《无障碍环境建设条例》出台，从法律层面保障了包括老年人在内的所有社会成员平等参与社会生活，共享社会发展成果。2016 年 10 月，全国老龄办等二十五部门联合印发《关于推进老年宜居环境建设的指导意见》，旨在全面推进老年人生活环境建设，为广大老年人参与经济社会发展搭建便利平台。同年，《中华人民共和国国民经济和社会发展第十三个五年规划纲要》发布，再次强调推进老年宜居环境建设。

---

[1] 中华人民共和国老年人权益保障法．（2021-10-29）[2023-10-12]. https://www.gov.cn/guoqing/2021-10/29/content_5647622.htm.

（二）建设友好社区

环境融入老年人经济参与、政治参与、社会参与的全过程。长期以来，我国城乡社会建设和基础设施建设大多基于年轻人的需求，对老年人的特殊需求考虑不足。党的十八大以来，在老年宜居环境入法的基础上，老龄政策旨在推进适合老年群体的环境建设。2020 年 7 月，国务院办公厅印发《关于全面推进城镇老旧小区改造工作的指导意见》，提出要重点改造完善小区配套和市政基础设施。从此指导意见的实施成效来看，仅 2019—2021 年，全国累计改造城镇老旧小区 11.5 万个，惠及居民 2 000 多万户，加装电梯 5.1 万部，增设各类社区养老服务设施 3 万多个。与此同时，为探索建立老年友好型社区创建工作模式和长效机制，国家卫生健康委、全国老龄办联合发布《关于开展示范性全国老年友好型社区创建工作的通知》《全国示范性老年友好型社区评分细则（试行）》等系列配套政策，并基于评分标准于 2021 年和 2022 年分别评选了 992 个和 999 个全国示范性老年友好型社区。2021 年，《中华人民共和国国民经济和社会发展第十四个五年规划和 2035 年远景目标纲要》提出，要推进公共设施适老化改造，推动专业机构服务向社区延伸，整合利用存量资源发展社区嵌入式养老。

（三）改造居家设施

为构建多层次养老服务体系、健全养老服务综合监管制度，党和国家出台了一系列政策推动居家养老的发展。《无障碍环境建设条例》从法律层面保障了包括老年人在内的所有社会成员平等参与社会生活，共享社会发展成果。2013 年，住房和城乡建设部标准定额司编制完成了《家庭无障碍建设指南》，对家庭无障碍建设与改造提出了具体的设计要求。"十三五"期间，中央财政共计安排 50 亿元，支持 203 个地区开展五批居家和社区养老服务改革试点工作。2020 年 7 月，民政部等九部门联合印发《关于加快实施老年人居家适老化改造工程的指导意见》，引导有需要的老年人家庭开展居家适老化改造，满足城乡老年人家庭的居家养老需求，以此推动居家养老服务提质扩容，对构建居家社区机构相协调、医养康养相结合的养老服务体系具有重要意义。2021 年，《中华人民共和国国民经济和社会发展第十四个五年规划和 2035 年远景目标纲要》进一步强调完善社区居家养老服务网络。2021 年和 2022 年，中央财政累计安排 22 亿元，支持 84 个地区开展居家和社区基本养老服务提升项目，进一步加强居家社区养老服务的有效供给。截至 2022 年第一季度，我国社区养老服务机构和设施共计 32 万个，床位 308 万张。

六、科技助老领域

（一）"互联网 +"养老

互联网信息技术的不断发展，推动养老产业新业态、新模式不断涌现。为全面普及智慧养老建设，推进智慧养老产业模式发展，提升养老质量，2013 年发布的《国务院关于加快发展养老服务业的若干意见》提出，要发展居家网络信息服务，地方政府要支持企业和机构运用互联网、物联网等技术手段创新居家养老服务模式。2014 年 10 月，民政部等六部门联合发布《关于开展养老服务和社区服务信息惠民工程试点工作的通知》。随后，民政部办公厅印发《关于确定首批养老服务和社区服务信息惠民工程试点单位和地区的通知》，推进社区公共服务综合信息平台和智慧社区建设，建立和完善国家养老服务信息系统，加快发展基于互联网的养老服务。

2016 年，国务院办公厅首次提出推进"'互联网 +'养老服务创新"，发展智慧养老服务新业态。同年，《关于中央财政支持开展居家和社区养老服务改革试点工作的通知》提出，支持探索多种模式的"互联网 +"居家和社区养老服务模式和智能养老技术应用。2017 年发布的《"十三五"国家老龄事业发展和养老体系建设规划》提出，要依托城乡社区公共服务综合信息平台，为居家老年人提供服务和实施"互联网 +"养老工程。2017 年 2 月，工业和信

息化部、民政部、原国家卫生计生委制定《智慧健康养老产业发展行动计划
（2017—2020 年）》，要求到 2020 年基本形成覆盖全生命周期的智慧健康养老
产业体系。随后，工业和信息化部办公厅等联合发文启动了四批智慧健康养老
应用试点，推动智慧健康养老产品和服务的提供与应用。2019 年 1 月，国家卫
生健康委办公厅发布《关于开展"互联网＋护理服务"试点工作的通知》，提出
开展"互联网＋护理服务"试点工作。2019 年 4 月，国务院办公厅提出实施
"互联网＋养老"行动，提出了一揽子具体行动计划并明确了相关政府部门的
分工责任。

（二）优化技术适老

除了科技养老，主动使用互联网的老年人口数量和比例也在不断提高。根
据中国互联网络信息中心的数据，截至 2020 年 12 月，50 岁及以上网民群体占
总体网民比例已提升至 26.3%，互联网进一步向中老年群体渗透。但与此同时，
互联网产生的"数字鸿沟"问题使得新的老年参与不公平问题正在涌现。为此，
2020 年 11 月，国务院办公厅发布《关于切实解决老年人运用智能技术困难的
实施方案》，要求聚焦涉及老年人的高频事项和服务场景，坚持传统服务方式与
智能化服务创新并行，切实解决老年人在运用智能技术方面遇到的突出困难，
一方面推动老年人更加普遍地享受智能化服务，另一方面让传统服务方式更加
完善。

2020 年 12 月，工业和信息化部印发《互联网应用适老化及无障碍改造专项
行动方案》，指出自 2021 年 1 月起，在全国范围内组织开展为期一年的互联网
应用适老化及无障碍改造专项行动，重点工作涵盖开展互联网网站与移动互联
网应用（APP）适老化及无障碍改造、开展适老化及无障碍改造水平评测并纳
入"企业信用评价"、授予信息无障碍标识及公示工作等 3 方面 7 项具体内容。
2021 年 4 月，工业和信息化部发布《互联网网站适老化通用设计规范》和《移
动互联网应用（APP）适老化通用设计规范》，要求相关互联网网站和应用按照

两个规范文件完成适老化改造，助力老年人等重点受益群体平等便捷地获取、使用互联网网站和应用信息。

第三节 老年社会工作专项制度

民政部于2016年1月发布《老年社会工作服务指南》[①]（以下简称《指南》）。《指南》共十章，规定了老年社会工作的"术语和定义、服务宗旨、服务内容、服务方法、服务流程、服务管理、人员要求和服务保障等"[②]，旨在达成积极应对人口老龄化，实现老有所养、老有所医、老有所为、老有所学、老有所乐，充分发挥社会工作者在养老服务业中的专业作用，总结推广各地老年社会工作实务经验，科学规范、正确引导老年社会工作服务行为，切实保障老年社会工作服务质量[③]等目标，是老年社会工作行业标准文件，也是指导老年社会工作的基础性文件。下面依据《指南》的框架，对文件重点进行梳理。

一、范围

《指南》依次规定了老年社会工作的术语和定义、服务宗旨、服务内容、服务方法、服务流程、服务管理、人员要求和服务保障等。

二、规范性引用文件

即《指南》所引用的文件。主要包括《GB/T 29353-2012 养老机构基本规范》《MZ/T 059-2014 社会工作服务项目绩效评估指南》。

[①] 老年社会工作服务指南（2022-03-14）[2022-11-27].http://mz.ah.gov.cn/ztzl/2021njhsgzztxchd/zcyl/bz/120280641.html.
[②] 全国社会工作标准化技术委员会秘书处.解读《老年社会工作服务指南》.中国社会工作，2016（7）.
[③] 老年社会工作服务指南（一）.中国社会工作，2016（19）.

三、术语和定义

《指南》明确界定了老年社会工作的相关术语和定义，包括：老年社会工作服务、老年社会工作者、适老化环境改造、老年临终关怀。

四、服务宗旨

《指南》提出，老年社会工作服务应遵循独立、参与、照顾、自我实现、尊严的原则，以致力于实现老有所养、老有所医、老有所为、老有所学、老有所乐。

五、服务内容

老年社会工作的服务主要包括：救助服务、照顾安排、适老化环境改造、家庭辅导、精神慰藉、危机干预、社会支持网络建设、社区参与、老年教育、咨询服务、权益保障、政策倡导、老年临终关怀等。《指南》分别对各项服务的主要内容进行了梳理和界定。

六、服务方法

在基础方法之外，《指南》根据老年人的特殊性，列举了针对特定需要的介入方法，包括缅怀治疗、人生回顾、现实辨识、动机激发、园艺治疗、照顾管理，旨在缓解老年人的精神问题、情绪问题、身体问题以及多重问题等。

七、服务流程

老年社会工作服务流程依次是接案、预估、计划、介入、评估、结案。各流程中的具体工作包括但不限于《指南》所列。

八、服务管理

服务管理主要包括质量管理、督导制度、风险管理以及投诉与争议处置。

其中，质量管理又按照起点—过程—结果的逻辑，包括质量管理体系的建立、服务质量过程的控制以及服务成效的评估。风险管理同样按照事前—事中—事后的逻辑，进行了对风险管理制度、风险预案、应急处置的分别规定，以达到识别风险、控制风险、规避风险的目标。

九、人员要求

《指南》主要对老年社会工作者和为老服务志愿者做出了规定。

其中，老年社会工作者应具备社会工作者职业水平证书或社会工作专业专科及以上学历等资质。在具体工作中，老年社会工作者应遵循法律法规政策的指引、具备基本的老年学知识、不断提升专业素质、促进学科合作等。针对老年社会工作者的配备，《指南》规定，养老机构中每 200 名老年人应配备 1 名老年社会工作者；社区中每 1 000 名老年人应配备 1 名以上老年社会工作者。针对为老服务志愿者，应当建立健全志愿者服务管理制度，建立社会工作者与志愿者联动机制。

十、服务保障

其包括：具备符合国家标准的环境及设施设备；落实信息化建设，利用信息技术实现系统化管理和数据库建设，做好信息保密工作；建立全流程老年社会工作服务档案管理制度，及时归档老年人基本信息档案、服务过程记录、服务质量监控记录、服务转介和跟踪记录等。

下篇
老年社会工作案例分析

第四章 ｜ 精神健康服务与空巢老年人

第一节 案例背景

一、宏观背景

（一）我国空巢老年人情况

在人口老龄化、家庭小型化以及人口流动的背景下，我国空巢老年人、独居老年人数量逐年攀升，预计到 2030 年，空巢老年人比例将上升至 90%。对空巢老年人尤其是低龄空巢老年人而言，因退休离开劳动力市场，离开熟悉的工作环境，来自工作场域的价值感和获得感下降，又因缺乏子女陪伴，情感需求不能从家庭场域得到满足。社区则成为空巢老年人主要的社会交往空间。众多研究表明，缺乏社会交往易让老年人缺乏精神慰藉，增加老年人患抑郁症、失智症等疾病的风险。空巢老年人问题对我国积极应对人口老龄化战略提出了新挑战，如何丰富老年人的精神文化生活，减轻老年人内心的剥离感、孤独感，增强老年人的自我效能感与自尊，使老年人以更积极的心态度过晚年生活值得进一步关注。

（二）我国空巢老年人的精神健康现状

马斯洛需求层次理论将人的需求划分为生理需求、安全需求、社会交往需求、尊重需求以及自我实现需求五方面内容，精神层面需求的满足对于保证老年人的生活质量有着重要意义。近年颁布的《中共中央国务院关于加强新时代老龄工作的意见》《"十四五"国家老龄事业发展和养老服务体系规划》等政策文件明确提出关注老年人的精神健康。无论是理论层面还是政策层面,精神健康需求均受到广泛关注,因此我们需要通过多种途径提升老年人的精神健康水平,满足老年人的精神健康需求。

研究显示,我国有近40%的60岁以上老年人口有不同程度的抑郁症状,空巢老年人抑郁发生率更高,56.8%的空巢老年人存在抑郁症状[1]。与非空巢老年人相比,空巢老年人在心理健康程度、情绪稳定程度、自我评价水平以及生活满意度等方面均低于非空巢老年人[2]。老年人精神健康状况与生理健康、社会交往程度、社会支持、婚姻状况、文化程度等存在显著相关,其中社会交往程度、社会支持作为重要的社会因素对老年人的精神健康有着重要影响。老年人尤其是空巢老年人因缺乏陪伴、交流而产生孤独、焦虑、抑郁等不良情绪,若不能通过其他途径弥补子女不在身边带来的情感缺失,则将导致空巢老年人的不良情绪不断累积,得不到有效舒缓,不利于其心理健康,影响其正常生活。因此,通过何种途径能够有效地舒缓老年人的不良情绪,提升老年人的自我效能感与自尊成为社会工作实务界重点关注的议题。然而,当前聚焦老年人精神健康的社会工作干预实践呈现数量少、质量参差不齐、持续性较弱、可复制性不强等问题。

因此,本章将详细介绍北京市东城区耆乐融长者关爱中心(以下简称耆乐融)的"戏剧人生"项目,以期展示利用艺术治疗手法介入空巢老年人精神健康问题的具体实践情况,了解其服务理念、工作技巧、介入过程、实际效果等,探索空

---

① 闫语,尹文强,张玉杰,等.城乡空巢老人抑郁症状及影响因素差异研究.现代预防医学,2022,49(3).

② YOU K S, LEE HO. The physical, mental, and emotional health of older people who are living alone or with relatives. Archives of psychiatric nursing, 2005, 20(4). LIU L J, GUO Q. Loneliness and health-related quality of life for the empty nest elderly in the rural area of a mountainous county in China. Quality of life research, 2007, 16(8). LAWTON M P, MOSS M, KLEBAN M H. Marital status, living arrangements, and the well-being of older people. Research on aging, 1984(6).

巢老年人精神健康服务方法，为空巢老年人精神健康问题干预提供新的思路。

二、具体案例背景

《北京市老龄事业发展报告（2021）》数据显示，截至 2021 年年底，北京市 60 岁及以上常住人口占常住总人口的 20.18%，65 岁及以上常住人口占比达到 14.24%，北京市已成为中度老龄化城市。北京市老龄协会数据显示，北京市空巢老年人口数量超 100 万人，占老年人口总数的 40%。在具有庞大的老年人口基数的现实情况下，北京市老年人尤其是空巢老年人的物质与精神需求值得被进一步关注。当前，老年人物质层面需求的满足问题已得到社会关注，通过社会保障、社会援助等多种途径可满足老年人的基本生活需求，但其精神层面的需求尚未得到广泛的关注。虽然各社区、各街道通过成立老年协会、建立老年活动中心等为老年人提供了娱乐活动空间，在一定程度上满足了老年人的精神文化需求，但其提供的精神文化活动对空巢老年人而言仍存在不足，具体表现在以下两方面。

第一，老年活动形式以娱乐性活动为主。目前，虽然北京市部分社区设有专门的老年活动中心并组织了舞蹈队、太极队等多种文艺组织，但此类活动大多属于娱乐性活动，主要目的为锻炼身体、增强体魄，针对满足精神层面的需求的活动尚不完备。空巢老年人因缺乏陪伴、缺乏交流，易产生抑郁情绪。当前提供的娱乐性活动缺乏精神层面的交流与陪伴，因此需要进一步增强精神健康层面的活动建设，关注社区空巢老年人的精神健康需求，增加空巢老年人的社会交往与社会互动。

第二，空巢老年人个人价值感彰显不足。老年人通常高度关注自身价值感，关注自身对家庭、社区、社会的贡献与价值。与非空巢老年人相比，空巢老年人缺乏子女陪伴，无法在大家庭中彰显个人价值，因此社区、社会应为空巢老年人提供彰显个人价值的机会。虽然部分社区组建了志愿服务团队，部分老年人积极参与其中，为社区贡献自身的力量，但此类志愿服务活动主要为体力活动、宣传倡导活动，能够充分发挥个人能力，提升个人精神层面获得感的生产型、发展型志愿服务活动较少。因此，当前社会急需提供既能满足老年人深层次精神文化需求，又能彰显老年人自我价值感的活动。

耆乐融自 2010 年以来，一直关注老年人精神层面需求的满足情况，并长期致力于减轻老年人的内心孤独感和低效能感，帮助其更好地认识自我、他人与社会，探寻三者间的正向关系，确认自身价值，寻找自我实现的途径。为此，耆乐融在 2013 年启动了"人生相册"老年人影像史计划，用保留的影像资料回顾老年人的人生经历。2014 年，耆乐融又启动了"绘本人生"快乐老年人读与画计划，用画笔和颜料记录老年人的美好生活。2015 年，"故事卷"老年纸艺互助项目正式推开，实现了从"平面"到"立体"的跨越，进一步挖掘了老年人的潜能。而"戏剧人生"项目正是在这一系列探索与实践之上的升级，通过让老年人演绎人生故事、回顾和反思人生，充分发挥老年人的主观能动性和创造性，使老年人在此过程中得到精神交流，获得精神慰藉，满足老年人尤其是空巢老年人深层次的精神需求，减轻老年人的内心孤独感，达到了较好的效果。

第二节　老年社会工作介入过程

一、项目设计

（一）项目简介

"戏剧人生"老年即兴戏剧团队志愿服务项目是由耆乐融于 2018 年启动实施的公益项目。该项目依据心理学与社会工作的理论和方法，采用即兴戏剧"一人一故事"的形式，以老年人为志愿服务主体和主要服务对象，开展无须排练、现场讲述、即时演绎的即兴戏剧公益演出。"戏剧人生"团队由 20 余名 58 ～ 80 岁的长者组成，2022 年度共计开展了 20 余次团体活动，并深入东城区、朝阳区开展了近 10 场公益演出，促进了老年人的身心健康和社会参与，倡导和践行了"积极老龄观、健康老龄化"理念。

（二）项目意义

"戏剧人生"项目通过老年人讲述自身故事、即兴演绎故事的形式，为老年人回忆往事、记录生活提供平台，为老年人探寻生命意义、寻找自身价值提供途径。老年人可通过"戏剧人生"项目更好地发掘内心，减轻内心的孤独感，真正践行积极老龄化。

（三）依托机构介绍

耆乐融是一家服务于第三年龄人群，以孤寡独居老年人、空巢家庭老年人为主要服务对象，专注于精神养老服务的公益性社会创新组织，业务范围涵盖老年精神关怀、老年健康促进和老年社会参与等领域。其通过实务运作、政策倡导和学术研究"三位一体"开展精神养老服务，坚持"以人为本，同理共情"的服务理念，从老年人的兴趣爱好、身心健康、精神陪伴、人文关怀、社会参与、价值实现和代际共融等视角切入，自主研发设计了"人生相册""绘本人生""故事卷""戏剧人生""老人·新家""社区好老头"等服务项目，开展了"养老机构助老志愿服务"等课题研究。中央电视台、《北京日报》等多家媒体曾对耆乐融的精神养老公益活动进行报道。耆乐融先后荣获"北京市千家为老服务示范单位""朝阳区优秀志愿服务组织""北京市社会组织公益服务品牌银奖"等荣誉，并获评"AAAA 级社会组织"。耆乐融倡导"乐龄、乐活、乐学、乐享"的"乐享家"老龄生活理念，致力于：保持老年人身心健康，减轻国家医疗负担；延缓老年人失能失智，减轻社会照护压力；传承老年人人生智慧，促进代际和谐共融。

为给老年人群提供专业化服务，耆乐融机构负责人寻找专业人士参与服务。例如"戏剧人生"项目有系统学习过戏剧疗法的心理学家、医学博士等专业人士参与，为"戏剧人生"项目的开展提供了人才支撑。

（四）项目理念和方法

常见的老年戏剧社、话剧社更多是让老年人去排演一些现成的剧本，目的在于演出，而"戏剧人生"项目是让老年人用即兴戏剧"一人一故事"的形式，通过主体或者客体的视角重新去反思和观照自己的人生，发现和表达自己的内心。其让参加活动的老年人通过分享人生往事，学习即兴表演技巧，体验真实表演，最终登台汇报演出等阶段增进人际交流，促进社会交往与社会互动，减轻低龄退休老年人以及空巢独居老年人的孤独感，提升老年人的自我效能感，使之更好地享受老年生活。

项目以心理学与社会工作的理论和方法为基础，采用艺术治疗与工作坊的理念方法开展服务，致力于满足老年人精神层面的需求。在"戏剧人生"团队中，团队成员从相互熟悉了解，到分享人生故事，倾听人生经验，学习即兴表演，再到最终表演。团队成员通过即兴戏剧互相熟悉、增进交流，进而增进社会交往，减轻自身的孤独感，促进精神层面需求的满足。

艺术治疗是采用艺术手段解决服务对象心理问题的非语言性心理治疗方式。它通过艺术活动让服务对象产生自由联想，从而帮助服务对象从外部环境和内部环境中找到二者之间的和谐关系，进而促使服务对象稳定和控制情感、消除不良情绪、疗愈精神疾病，获得人格成长和发展。与语言性心理治疗方式相比，艺术治疗有时能帮助服务对象更清楚地表达内心情感，进而提升治疗的效果。

工作坊是一种帮助人和解决社会问题的工作方法。工作坊通过开展社区服务的形式，帮助老弱病残等特殊群体完善社会功能，树立生活信心，链接社会资源，提高社会福利水平和社会生活素质，实现个人和社会的和谐一致，进而促进社会的稳定与发展。与小组工作相比，从工作形式来看，工作坊更加关注公众活动的实施过程，即采用活泼的互动方式将整个活动串联起来，提升互动性和参与性；从成员流动性来看，工作坊成员不是固定的，而是可随时加入；从项目时间来看，工作坊项目时间不是固定和短期的，而是长期的。

（五）项目目标

1.总目标

"戏剧人生"项目的总目标为增进老年人的社会交往与社会互动，减轻老年人的内心孤独感，使老年人获得心理疗愈与精神需求的满足，保持老年人的生命力，提升老年人的幸福感，降低老年人未来失能与出现认知障碍的风险。

2.分目标

（1）"戏剧人生"团队成员相互了解、相互熟悉，提升凝聚力。

（2）"戏剧人生"团队成员诉说人生往事，化解心结。通过提供倾诉人生往事的机会，让老年人能够回忆并分享自身的经历，化解心结。同时，通过倾听他人的讲述，了解他人的经历，获得一定的思考与感悟。

（3）"戏剧人生"团队成员学习即兴表演技巧。通过学习即兴表演技巧增进老年人的人际交往与社会互动，让老年人能够深入感受参与即兴戏剧的快乐与获得感，提升老年人的生活满意度与自我效能感。

（4）通过最终汇报演出让老年人展示"戏剧人生"项目成果，提升老年人的自我效能感，满足老年人的社会交往需求，促进老年人的精神健康。

二、项目开展过程

（一）准备阶段

为招募合适的成员，项目初期主要采用线下宣传与线上公众号推送两种形式招募；后期随着成员对项目和机构越来越熟悉与认可，主要通过成员口口相传和社区宣传招募新成员。每位加入此项目的成员均需给自己起一个昵称，如

"麻辣香锅""玉巴达""香梨""蓝莓"等，并按加入"戏剧人生"项目的时间划分年级，如新加入的成员为一年级同学，加入"戏剧人生"项目已有两年的成员为二年级同学，以此类推。老年人可长期参与此项目，不受加入时间、参与活动次数等因素的限制。

（二）活动开始阶段

在团队成员招募完毕后，为促进成员互相了解，营造良好的氛围，主持人通过破冰活动、游戏等形式活跃气氛，放松成员心情，为后续活动的开展奠定良好基础。

（三）活动实施阶段

"戏剧人生"项目所表演的即兴戏剧并不是按照已有剧本表演，而是根据老年人自身经历或者他人经历即兴演出。因此，此过程中较为重要的两项任务分别为倾诉倾听故事和学习即兴表演技巧。

在倾诉倾听故事阶段，主持人采用抽卡片形式让参与活动的老年人根据所抽取卡片的提示信息——如"让我难忘的""让我怀念的"等——讲述自身经历，保证每位老年人都有经历可回忆、有故事可倾诉。当老年人倾诉自身经历后，其他成员会积极地给予回应。对倾诉故事的老年人而言，回忆往事能给予其一定的安慰，他人的回应也可能帮助其打开心结；对倾听故事的老年人而言，其可以了解他人的人生经验，这对自身生活存在一定的借鉴意义。

由于部分老年人并未学习过专业的表演技巧，因此"戏剧人生"项目安排了学习即兴表演技巧环节，让老年人能够简要了解即兴表演、即兴戏剧的技巧、内容等，如"一人一故事""流动演绎""人物塑像""三段故事"等形式。机构邀请专业的社会剧教师为老年人讲解社会剧相关内容，为老年人顺利进行即兴戏剧表演提供技术支持。

（四）汇报演出阶段

"戏剧人生"团队在每期最后一次活动时会在社区进行公益汇报演出，由团队成员共同出演若干即兴戏剧。即兴戏剧均取材于团队成员以及其他老年人的真实经历，向社区居民以及社会人士展示"戏剧人生"团队的风采，展示老年人的风貌。汇报演出时，即兴戏剧故事原型或其家属也会观看。

（五）"戏剧人生"项目案例

为直观地展示"戏剧人生"项目活动流程，感受具体服务内容与服务效果，这里介绍其中一个案例供借鉴参考。

1. 活动开始阶段

"演之前，咱们先来活动下身体和脑筋。"带队老师羊羊示意老人们起身，来到场地中央做热身游戏。"今天咱们来玩'空气炮'，一个人说'空'，指向另一个人，这个人要抱头蹲下说'气'，左右两边的人同时指向这个人说'炮'。"几轮激烈对决之下，老人们纷纷败下阵来，嘴上却不停地说着"好玩、好玩"，一个个笑出声来。

眼看气氛渐渐活跃，羊羊又趁势让老人们"放松按摩"："一个人闭上眼睛，其他人先把手搓热，放在这个人身体的周围，再用指尖轻触，进而用手掌轻拍，最后从上到下'唰'地来一下，看看是什么感觉。"

2. 活动实施阶段

"接下来，我们要进入讲故事环节。"

老人们围坐成一圈，羊羊拿出一沓卡片。"每张上面都有一句话，比如'曾让我后悔的''让我怀念的''我所在乎的'，请大家各自选一张，回忆一段跟这个相关的往事。"

面对倾听者，老人们打开了话匣子。令羊羊有些意外的是，始终乐乐呵呵的陈秀霞选了一张"曾让我伤心的"卡片。

20年前，陈秀霞和爱人下放到大庆，上中学的孩子独自住在破旧的四合院里，每次来信，纸上都沾满了泪水。后来，两口子总算跟孩子团聚，陈秀霞的爱人打算把房子好好修一修，结果却在一天早上被车撞了。两口子安慰撞人的人说家离得近，就让那人走了。而这一撞，导致陈秀霞的爱人全身瘫痪，三年后撒手人寰。她忍着悲痛，一个人把两个儿子抚养成人。

"真是太不容易了！"听了陈秀霞的故事，刘淑芬唏嘘不已，眼眶有些泛红，还有的老人虽然不善言辞，但也拉了拉陈秀霞的手，表达了自己的心意。"陈阿姨是苦难中的坚强者！"羊羊的话让老人们眼前一亮，连连点头。

在于芷渲的建议下，这段故事被老人们重新以情景剧的形式即兴演绎出来，而陈秀霞则以观众的身份坐在台下。"这么多年一直不愿再提起，没想到今天能以一种全新的方式面对，说出来反倒没那么难受了，看别人演出来感觉更特别。"

在此前的活动中，东长兰讲述了自己20世纪50年代作为随军家属，从山东老家刚来北京的往事，那场情景剧，陈秀霞演的正是"女主角"。同样没有任何准备，但演出很顺畅，陈秀霞惊讶于自己的发挥。"具体的情节都是按照讲述自然展开，不用刻意去背台词，也就没有太多压力，只需要带着最真实的情感，去试着理解别人的经历。"①

3. 汇报演出阶段

正在观看以其父亲为原型的戏剧汇报演出的傅女士表示："我的父亲是全世界最好的父亲，他永远在为别人着想。在国外留学那几年，我遇到了很多困难，他给了我最大的动力。如今他去世了，我真的很想他。"傅女士回忆起自己的父亲时，落下了伤心的眼泪。听完了她的故事，台上的三位志愿者开始了即兴创作。一位长者扮演傅女士的父亲，动情地隔空独白："女儿，好长时间没有你的信，出国在外自己照顾自己。人这一辈子，要有点儿拼搏的精神，你干什么我们

---

① 这群老人并非演员，却上舞台就能即兴开演，只是"剧本"令人泪目．(2018-11-26) [2022-10-05].
https://baijiahao.baidu.com/s?id=1618158142205811700.

都支持你。"一段真挚的父女情，让台下不少观众红了眼眶。"我又感受到了父亲对我的关心。看完他们的表演，我心里没有那么难过了。"傅女士欣慰地说。

刘先生也分享了自己当知青时的经历。"当时我是一名电工，和队里的医生住在同一间宿舍。一天晚上医生出诊了，这时队里的女知青过来求助，说是宿舍的室友发烧了让我帮忙打针。我哪儿行啊？但是救人要紧，我翻了翻医书，拿着注射器和药水就去了。"刘先生说，第一次打针非但没扎进去，还把注射器弹飞了，第二次才成功。在接下来的演出中，扮演刘先生的志愿者在模仿他第一次打针时，做了个后滚翻的动作，逗得大家笑声一片。"正是因为这次经历，后来我报考了医学院，也被成功录取了。"刘先生说。[1]

三、项目成果

（一）对于老年人

老年人通过参与"戏剧人生"项目，能够倾诉自己的故事，化解心结；可以在呈现即兴戏剧表演的同时，更好地打开自己，增加与外界的交流与互动，满足自身的社会交往需求；可以提升社会参与的积极性，满足尊重需求。最终的汇报演出，可以提升老年人的自我效能感，更好地满足老年人的精神需求。同时，此项目也有利于提升老年人的社会参与积极性，促使老年人更好地发挥自身作用，真正践行"老有所为"的理念，保证老年人的生命力，提升老年人的生活幸福感。

（二）对于社区

在社区进行最终的汇报演出，一方面提升了社区文化氛围，丰富了社区文

---

[1] 把普通人的真实故事演出来.（2020-12-25）[2022-10-06].https://baijiahao.baidu.com/s?id=16870502 19122601326&wfr=spider&for=pc.

化活动，营造了良好的文化艺术环境，提升了社区凝聚力；另一方面积极挖掘出了老年人力资源，让老年人参与到社区治理中，发挥了老年人的优势和特长，为社区治理等贡献力量。

（三）对于社会

一方面，"戏剧人生"项目在社会上引发热烈反响，多家媒体对此项目进行宣传报道，有利于社会各界关注老年人的精神健康需求，在社会层面营造尊老敬老爱老的社会氛围；另一方面，"戏剧人生"项目与践行"积极老龄化"有着较强的契合性，做到了老有所为、老有所乐，能为老年人精神孤独等问题的解决提供新思路与新办法。

第三节　分析与反思

一、艺术治疗核心理念与方法介绍

（一）核心理念

艺术治疗属于心理治疗模式的一种。与一般的心理治疗模式不同，艺术治疗主要通过戏剧、音乐、绘画等艺术手段帮助服务对象诉说内心的负面情绪、寻找内心的平衡、稳定情绪、调节情感、疗愈精神疾病，进而获得人格成长和发展。

"艺术治疗"一词最早出现在 1961 年创建的专业理论杂志《美国艺术治疗杂志》中，1969 年美国建立起全美性的专业组织"美国艺术治疗协会"（AATA），正式将艺术与疾病治疗结合在一起。发展至今，艺术治疗已被广泛应用于各种生理疾病的康复和心理障碍的治疗当中，其疗效得到了广泛认可。

我国于 20 世纪 90 年代开始展开对艺术治疗的研究和应用工作，经过十来年的努力，艺术治疗在特殊教育、校园心理辅导、灾后心理干预、精神疾病辅助治疗、成瘾患者辅助治疗等领域得到了应用和发展。实践证明，治疗性艺术教育对服务对象的自我认同和人格发展有积极的促进作用。

艺术治疗通过非语言的形式为传递情感、交流情绪提供渠道。近年来，艺术治疗的理念与方法也逐渐被应用到社会工作服务中，例如"戏剧人生"项目就采用了戏剧治疗形式帮助老年人减轻内心孤独感，更好地打开自我，进而获得自我的疗愈。戏剧治疗作为艺术治疗的重要方法，其核心理念与艺术治疗存在一致性，即通过戏剧艺术的手段帮助服务对象解除心结，消除不良情绪，寻找内心平衡，达到自我疗愈的效果。

（二）方法介绍

艺术治疗涵盖多种方法，如戏剧治疗、音乐治疗、绘画治疗等。下面将重点分析戏剧治疗的模式、流程、理论基础与特征。

1. 戏剧治疗的模式

戏剧治疗模式多样，包括双人剧模式、团体剧模式以及社区剧场模式。

双人剧模式主要被应用于个案工作中。社会工作者采用一对一形式为服务对象提供服务，其利用已有的剧本或者采用即兴表演形式引导服务对象完成角色扮演、角色互换等任务，帮助服务对象在表演过程中释放不良情绪，重新认识自己与他人、社会的关系，达到三者平衡的状态。社会工作者通过一对一交流互动，逐步帮助服务对象解开心结，打开自我，消除不良情绪，实现个人成长。

团体剧模式主要被应用于小组工作中，强调成员间的互动与交流以及支持与反馈，通过成员间的相互作用和相互影响演绎自己或者他人的故事。团体剧模式与小组工作的契合性体现在两方面：一是二者均强调成员之间的互动与交流、支持与反馈，二是二者具有相似的活动阶段与活动目标。

社区剧场模式指在社区中进行戏剧表演，丰富社区的精神文化生活，促进社区居民的参与，提升社区居民的公共意识和社区责任感，达到提升社区凝聚力的效果。针对不同的问题，社区剧场模式可与社区工作模式巧妙融合：（1）社区剧场模式可与地区发展模式结合。引导部分热心居民采用戏剧表演的方式向社区全体居民展现社区中存在的公共问题，社区居民观看戏剧后共同商讨解决措施，民主决策，凝聚共识，促进社区问题的解决和居民的社区参与。社会工作者在其中扮演协调者、支持者的角色。（2）社区剧场模式可与社区计划模式结合。社会工作者通过调查和评估社区问题，将所发现的问题编写转化为剧本，同时在剧本中写出问题解决的可行方案，由社区居民演出并观看，根据社区居民的态度和反应选择最佳方案。社会工作者在其中扮演策划者、协调者的角色。（3）社区剧场模式可与社会行动模式结合。社会工作者通过大型戏剧的方式展现社区全体居民关心的教育、交通、卫生、住房、文化等领域的重大议题。社会工作者在其中扮演组织者、倡导者的角色。

综上，戏剧治疗三大模式与社会工作三大模式存在较强的相似性，在社会工作实务中可应用戏剧治疗模式，改善服务对象现状，提升服务对象自尊水平。

2. 戏剧治疗的流程

从心理学角度出发，伊姆纳提出了戏剧治疗运用五阶段论，即戏剧性游戏、情景演出、角色扮演、演出高峰和戏剧性仪式。但在社会工作实践过程中，戏剧治疗的流程则被划分为暖身、聚焦、角色扮演、闭幕、去除角色和戏剧性仪式六个阶段。

暖身阶段主要指活动开始前做准备、成员间相互熟悉、增强彼此间信任与团队凝聚力的阶段。此阶段的目的主要有两方面：一方面帮助服务对象解除内心的防御机制，鼓励其打开自我，敢于进行自我探索，向团队成员表露内心想法，倾诉自身故事，进而促进其全身心投入活动中；另一方面提升团队成员的安全感与彼此间的信任度，增强团队凝聚力，为后续活动的开展营造良好的团队氛围。在此阶段可以采用订立契约、空椅子技术、破冰游戏、魔幻商店、音乐暖身等技术帮助团队成员增强信任与安全感，提升探索自我、打开自我的能力，放松身心，提升凝聚力。

聚焦阶段主要指社会工作者引导团队成员将戏剧本身的角色、动作、情感、主题以及精力等集中于一个主要关注点。经过暖身阶段后，服务对象情绪更加稳定，活动参与更加积极投入，注意力更加集中，更易有效参与活动。聚焦阶段可以进一步帮助服务对象巩固暖身阶段的成果——包括积极的状态、饱满的热情等——以参加后续活动。社会工作者在此阶段可帮助服务对象聚焦四方面内容，即主角、剧本、剧目和问题。（1）聚焦主角：社会工作者在选出主角后，让主角与社会工作者和团队其他成员针对自身问题和困惑进行探讨交流，社会工作者引导团队其他成员配合主角进行交流，完成表演。（2）聚焦剧本：即兴戏剧更加注重剧本创作，在此过程中社会工作者需要充分引导并鼓励团队成员发挥自身的主观能动性与创造性。（3）聚焦剧目：一个剧本里会包含多个剧目，不同剧目可能会表现不同的情感、问题和解决对策，因此，社会工作者需要通过不同的剧目呈现团队成员的问题，更好地推进问题的澄清与行动策略的实施。（4）聚焦问题：社会工作者需要引导团队成员发现自身的问题，更好地帮助其自我觉察，通过发现自我、探索自我、面对自我，发挥团队成员间的信任与支持的作用，让团队成员获得自我疗愈。

角色扮演阶段指服务对象通过扮演他人的角色，达到释放情绪、缓解压力、改善认知的目的。角色扮演阶段为戏剧治疗的主要阶段，社会工作者在此阶段需要引导服务对象从内心倾听他人角色背后的故事，感受故事蕴含的情感与内涵，提升角色扮演能力。在此阶段，社会工作者可通过选择主角、挑选训练配角、设景、主角独白、替身、角色互换等步骤，逐步引导服务对象提升对角色的感悟与认知，提升自身的角色扮演能力，进而缓解内心的压力，释放不良情绪，消除心结，实现自我疗愈。

闭幕阶段具有两方面含义：一方面指戏剧表演圆满结束，完美呈现出剧目内容；另一方面则指心理层面的结束，即服务对象消除了心结，以更加积极乐观的态度与饱满的热情投入未来生活中。闭幕并不意味着戏剧治疗的结束，后续还需进行去除角色、戏剧性仪式等阶段，以帮助服务对象进一步反思、升华，避免服务对象因过度投入角色而产生移情现象。在闭幕阶段，社会工作者可以采用多种方法开展服务，例如：（1）鼓励赞扬，即对服务对象积极打开自我的行为做出积极反馈。（2）雕塑，即团队成员根据主角的指令做出相应的动作、表情等，帮助主角通过第三方客体了解外在表现与内在感受的盲点，引发感官冲击、情绪升华[①]。（3）镜观，即通过安排主角的替身继续演绎，让主角从旁观者的角度观看替身的角色扮演过程，帮助主角以及其他成员反思自我，转变自身对自我、他人、家庭等的态度与看法。（4）未来投射，即团队成员思考未来生活，并将其描绘出来，以更好地表达、解释、感受未来生活。（5）分享，即团队成员分享共同经历，增强情感共鸣。

去除角色阶段指演员走出所扮演的角色，回归现实生活。在戏剧治疗过程中，社会工作者的重要任务即在适当时候、通过适当方式提醒服务对象从角色中走出来。及时、恰当的提醒一方面可以避免服务对象产生移情或反移情，对服务对象造成伤害，另一方面也可以帮助服务对象在现实生活中运用通过戏剧治疗收获的知识和经验。在此阶段，社会工作者需要引导服务对象坦诚倾诉自身的感受和对角色的看法，帮助服务对象发现自我、审视自我、改变认知；也可以使用语言练习、肢体动作等技术协助服务对象更好地走出角色、增强互动。

戏剧性仪式阶段指对前面戏剧治疗各阶段进行反思，它是帮助服务对象反思自我、提升自我、实现自我疗愈的关键阶段。在此阶段，社会工作者的任务主要有：（1）对服务对象在整个活动中的外在表现与内在情绪进行系统性整合与反思，挖掘服务对象在前五个阶段的心理体验以及收获，对活动进行总结。（2）进行回顾，回顾活动过程，帮助服务对象发现自我的成长。（3）进行评价，通过量表、访谈、观察等方法获取服务对象对活动的完整性评价。（4）庆祝，通过具有仪式感的庆祝环节，帮助服务对象告别不良情绪；庆祝环节可采取多

---

① SARBIN T, ALLEN V.Role theory. Cambridge, MA: Addison Wesley Press, 1968：459-460.

样化的形式展开，如颁奖典礼、表彰大会、分享会等。

上述六阶段构成了戏剧治疗全过程，各阶段存在特定的目的与功能：暖身阶段、聚焦阶段可以为后续活动的开展奠定基础；角色扮演阶段是戏剧治疗的核心阶段，也是服务对象收获成长的关键阶段；闭幕阶段、去除角色阶段以及戏剧性仪式阶段可以帮助服务对象回顾戏剧治疗全过程，整合活动经验，提升个人收获与成长，解决移情与反移情问题。通过层层递进的环节，服务对象可一步步地消除不良情绪，实现自我疗愈。

3. 戏剧治疗的理论基础

作为心理学的治疗模式，戏剧治疗依托于众多心理学理论，其中比较具有代表性的是发展性转化和过程角色理论。

发展性转化（developmental transformations）概念由约翰逊提出[1]。因即兴戏剧中存在诸多来自己、他人或者环境等的不确定因素，因此服务对象在进行戏剧演绎的过程中要深化自我对角色的认知，灵活应对变化因素。服务对象在适应变化、深化角色认知的过程中获得发展与转化，主动拥抱生活的不确定性。同时，这一过程也能够增强服务对象运用口头语言、肢体语言、表情等工具与他人互动的能力，进而促进服务对象成长。

过程角色理论以特纳为代表人物，主要关注角色扮演过程中的角色选择、角色扮演、角色冲突和角色建构等问题。戏剧治疗大多采用即兴戏剧模式，主要演绎故事讲述者亲身经历的重要事件。在角色选择环节，故事讲述者需考虑表演者的特质，表演者也需思考角色期望，进而更好地推动演绎活动展开，在此过程中可增加故事讲述者与表演者之间的互动与交流。在角色扮演环节，表演者真正投入角色中，达到自我与角色统一，完美展现角色特点。在深入理解并演绎角色的过程中，表演者可以提高自我效能感。角色冲突则指的是演绎不

---

① JOHNSON D R.The theory and technique of transformations in drama therapy.The arts in psychotherapy, 1991, 18（4）.

同角色之间发生的冲突。在戏剧治疗过程中，服务对象有时需要扮演不同角色，而不同角色间可能会存在矛盾与冲突。朱拉德认为，个人经常考虑扮演不同社会角色的方式，有助于保持身心健康。角色建构指表演者对角色的领悟与体会。在戏剧治疗中，表演者需仔细感悟角色特征，与故事原型深入互动以感受角色，加深对角色的了解。此过程也可推动故事原型与表演者的互动，促进双方的交流，缓解双方的内心孤独感与不良情绪，提升双方的心理健康水平。

4.戏剧治疗的特征

戏剧治疗具有艺术性、表达性、互动性以及整合性的特征[1]。艺术性指形式上具有艺术性的特征，通过戏剧的形式表达情感，获得成长；表达性指戏剧治疗是表达性心理治疗的一种方式，通过非语言的途径表现生活，传递情感；互动性指过程呈现互动性的特征，需要社会工作者与服务对象间的互动与合作，强调自发性、主动性；整合性指效果的整合性，戏剧治疗既可以让服务对象宣泄内心的情感，同时也可以增进人与人的互动沟通，使服务对象获得多方面的成长。

在理论层面上，戏剧治疗在发展过程中整合了灵性视角、精神分析理论、格式塔心理学以及人本主义理论等理念，逐渐形成了自身的理论模式：要求服务对象用心投入戏剧表演，增强服务对象的体验感，提升服务对象的意义和价值感；关注服务对象此时此地的感受，关注服务对象的成长并进行潜力挖掘，尊重服务对象的价值，帮助服务对象获得个人成长。

二、需求分析与介入策略

（一）服务对象需求分析

"戏剧人生"项目主要面向低龄退休老年人、空巢老年人等群体，此类群体的共性为物质层面的需求可被较好地满足，但精神层面的需求却易被忽视。根

---

[1] 刘斌志，罗秋宇.社会工作实践中的戏剧疗法：运用指引与反思.社会工作，2018（4）.

据马斯洛需求层次理论，生理需求与安全需求为基本需求。由于低龄退休老年人与空巢老年人大多有稳定的收入来源（如退休金、子女供给等），因此其基本的生理需求与安全需求可被较好地满足。但其社会交往需求、尊重需求以及自我实现需求却并未得到较好的满足，具体表现在以下方面。

1. 社会交往需求方面

低龄退休老年人以及空巢老年人均面临社会交往面狭窄的问题。社会交往是老年人保持心理健康以及获得社会支持的重要途径，对于老年人的身心健康起着积极作用。但低龄退休老年人因离开工作环境而致原有的工作社交圈消失，空巢老年人因缺少子女的陪伴，同样减少了社会交往的机会。缺少社会交往易导致老年人产生孤独情绪，进而给身心健康带来不良影响，甚至导致失智等问题，影响晚年的积极健康生活。因此此类老年人急需新的社会交往圈补充替代，进而满足自身的社会交往需求。

2. 尊重需求方面

当前，老年人由于逐渐退出劳动力市场、退出社会参与而较易被社会边缘化，老年人的尊重需求不能被很好地满足。老年人的尊重获得感主要来自子女、工作环境等方面，来自社区的尊重获得感相对较弱。低龄退休老年人因进入退休阶段，主要活动范围集中在社区，与退休前的高尊重、高自尊相比，社区内低龄退休老年人的尊重需求不能被很好地满足；空巢老年人因与子女相处时间较少，因此也较难满足尊重需求。

3. 自我实现需求方面

对低龄退休老年人而言，在自身还有较强能力的情况下退出劳动力市场易使其自我认同感、自我效能感降低，使得其自我实现需求不能被很好地满足；对空巢老年人而言，由于缺少子女陪伴，社会交往与社会互动较少，其自我效能感也相对较低。由此可见，当前由于缺少相应渠道、相应活动，老年人的自我实现需求不能被很好地满足，使得老年人自我效能感较低，对身心造成不良影响。

综上，通过对社会交往、尊重以及自我实现等精神层面的需求进行分析可知，老年人的精神层面的需求急需获得关注。老年人精神健康需求的满足对于晚年积极的老龄生活有着至关重要的意义。若老年人长期缺乏社会交往、缺乏尊重与自我实现，则较易产生抑郁等心理症状，同时也会增加患失智症的风险，进而给老年人自身的积极态度、老年人有尊严的生活状态、子女的照护压力等带来不良影响。由此可知，精神层面需求的满足至关重要，社会需要组织相应项目与活动满足老年人的精神健康需求。"戏剧人生"项目通过组织老年人积极参与，增进身心健康，可较好地满足老年人的精神健康需求。

（二）介入策略

"戏剧人生"项目采取戏剧治疗的理念与方法应对老年人的精神健康问题。具体思路如下：

"戏剧人生"项目聚焦于老年人精神健康问题，当前涉及老年人精神健康的服务项目相对较少，质量参差不齐，老年人孤独感强烈、自我效能感低、社会交往不足等问题并未得到过多关注。因此，"戏剧人生"项目聚焦老年人孤独感强烈、自我效能感低、社会交往不足等问题开展服务。服务目的集中在满足精神健康需求以及改善自我认知等方面。

那么，通过何种形式帮助老年人满足精神健康需求、改善自我认知？从目的上看，"戏剧人生"项目主要解决老年人的精神层面的问题，因此利用心理学方法更加具有针对性。戏剧治疗作为心理学治疗模式之一，对于解决精神层面的问题有较多的有益经验。因此，机构最终决定采用戏剧治疗模式为满足老年人的精神健康需求服务，"戏剧人生"项目得以命名。

为保证服务质量与服务效果，机构邀请专业戏剧治疗师前来指导并主持活动，项目服务流程与戏剧治疗服务流程存在较强的一致性：

（1）项目开始前均会进行暖身活动，例如"空气炮""放松按摩"等。它一方面可以活跃团队气氛，另一方面也可以放松团队成员心情，提升团队成员的安全感与信任感，为后续开展活动奠定良好基础。

（2）暖身之后进入聚焦阶段。主持人引导团队成员聚焦话题，例如"曾让我后悔的""让我怀念的"等，引导老年人回忆相关事件，并倾诉出来。团队成员聚焦事件共同讨论，或表达感受，或给予建议。通过聚焦话题，一方面为后续即兴戏剧创作提供素材，另一方面调整团队成员状态，为后续开展活动做准备。

（3）之后进入角色扮演阶段。"戏剧人生"项目采取即兴戏剧模式，由故事讲述者指定主角进行演绎，以此模式发挥故事讲述者与表演者的创造性与能动性，促进二者之间的交流与互动。故事讲述者通过以旁观者的身份观看表演者演绎自己的故事，可以审视自我、发现自我、解开心结；表演者以演员身份演绎他人的故事，既可以从他人的故事中汲取经验，又可以提升自身的自我效能感。

（4）演绎结束后进入闭幕阶段和去除角色阶段。"戏剧人生"项目主持人带领团队成员回顾即兴戏剧表演过程，表演者与故事讲述者分享他们的感悟，其他团队成员分享观看感悟，表达自身的见解，主持人予以积极回应与反馈。此外，此阶段也会澄清戏剧与现实，去除角色，避免表演者移情，影响后续活动开展以及自我成长。

（5）最后进入戏剧性仪式阶段。"戏剧人生"项目在此阶段安排即兴戏剧汇报演出，团队成员将在社区舞台上演绎即兴戏剧。这一方面可以帮助团队成员减轻孤独感，提升自我效能感，达到自我疗愈的效果；另一方面也有利于加深活动体验，提升活动评价。

三、解决问题的关键要点

戏剧治疗的每个阶段具有不同的目的和任务，为保证能够较好地解决老年人的精神健康问题，各阶段均有关键要点，具体如下。

　　暖身阶段的目的是营造良好的团队氛围，提升团队成员的主动性与参与感。作为戏剧治疗的最初阶段，为保证活动安全有效，此阶段的关键要点为选择适合老年人身心特点的活动，既要保证活动的安全性，避免老年人在活动中受到身体损伤，又要保证活动的趣味性，使老年人能够积极参与、充分参与。例如，"戏剧人生"项目采取"空气炮""放松按摩"等活动，在保证安全性的同时，兼顾趣味性与互动性，有效地营造了团队氛围，提升了团队成员的主动性与参与感。在此阶段，社会工作者也应对老年人的性格特点做初步了解，通过活动表现了解各个老年人的性格特点，在后续活动中有针对性地为老年人安排相应活动，最大限度地提升老年人的主动性与参与感，增强活动效果。

　　聚焦阶段的目的是增强团队成员的注意力，为后续的角色扮演奠定基础。此阶段的关键要点是保证内容的聚焦，社会工作者需要控制局面，避免偏离聚焦主题，影响后续活动开展。"戏剧人生"项目通过使用卡片的形式进行引导，团队成员根据卡片提示回忆自身经历并主动倾诉，其他团队成员发表自身感受。对团队成员来说，聚焦卡片信息的倾诉增强了彼此间的交流与互动，提升了共鸣；对故事讲述者而言，获得积极反馈有利于其自我疗愈，解开心结，消除不良情绪。参与者的注意力、积极性与主动性也是关键要点之一。在此阶段，参与者需集中注意力，积极主动地投入，通过倾诉自我经历、倾听他人反馈，从他人的角度看待问题，消除内心阴霾。

　　角色扮演阶段要求故事讲述者选择主角对故事进行演绎，通过即兴戏剧演绎获得收获与成长。此阶段的关键要点为表演者与故事讲述者的互动积极性以及基本表演技巧的学习。"戏剧人生"项目采取即兴戏剧模式，演绎内容取材于故事讲述者的亲身经历，演员由故事讲述者亲自选择。为保证即兴戏剧演绎效果，故事讲述者与表演者间的互动、交流是至关重要的。一方面，良好的沟通便于让表演者更深入体会故事讲述者当时面临的情境以及内心的感悟，更好地复现故事讲述者描述的场景；另一方面，良好的沟通也可以帮助故事讲述者回顾并正视自身经历，解开心结。此外，基本表演技巧的学习也是必要的。虽然

"戏剧人生"项目并未对老年人的表演技巧提出过多的要求，但学习基本的表演技巧有利于帮助老年人更快地进入角色，更好地打开自我，更自信地展示自我，进而提升戏剧治疗的效果。

闭幕阶段的目的是回顾即兴戏剧演绎过程，团队成员分享自身体会与感悟。此阶段的关键要点为社会工作者引导团队成员进行回顾与分享，社会工作者需要掌握鼓励赞扬、雕塑、镜观、未来投射以及分享等方法，引导团队成员回顾戏剧、反思自我、收获成长，并对未来生活展开设想。社会工作者在此阶段的作用至关重要。

去除角色阶段的目的是帮助表演者走出角色，回归生活。此阶段的关键要点为避免团队成员产生移情与反移情。社会工作者需要引导团队成员及时走出角色，通过相互揭露、坦诚倾诉等方式及时表达自身感受，帮助团队成员增强互动，走出戏剧，回归生活。

戏剧性仪式的目的是帮助团队成员更好地进行反思、提升自我，同时获得团队成员对此项活动的评价。此阶段的关键要点是社会工作者发挥良好的引导作用，通过系统性整合，挖掘团队成员的成长与收获，提升活动效果。

四、工作反思

（一）戏剧治疗应用挑战

"戏剧人生"项目将老年人的精神健康问题与戏剧治疗模式相结合，探索满足老年人精神健康需求的社会工作新方法。通过即兴戏剧形式帮助老年人打开自我，勇于展示自我，减轻内心的孤独感，对于老年人精神健康的改善有着重要意义。但值得注意的是，戏剧治疗理念与方法具有特殊性与专业性，对社会工作者与服务对象均提出了一定的要求，同时在应用过程中存在移情与反移情的风险。因此，社会工作者在实务过程中需要加强对上述问题的反思。

戏剧治疗作为心理学的治疗模式，具有较强的专业性。熟练运用戏剧治疗需要经过专业的指导与培训，有较强的技术门槛。戏剧治疗存在六个阶段，每个阶段都有相应的方法，其中部分方法与社会工作方法相似，但大部分方法有较强的专业性，对社会工作者提出了较强的技术要求。要想很好地运用戏剧治疗，仅学习专业技巧方法是远远不够的，社会工作者还需要提升自身的艺术能力。其具体可归纳为"五力"和"六感"。五力包括观察力、想象力、感受力、共情力、应变力；六感包括分寸感、幽默感、信念感、节奏感、形象感、真实感。五力能帮助社会工作者尽快与服务对象建立良好的信任关系，加强对戏剧治疗活动的把握度；六感能帮助社会工作者活跃活动氛围，提升服务效果。

戏剧治疗需要服务对象的积极主动参与，同时，戏剧治疗效果与服务对象的同理能力、共情能力存在联系。因此，该模式对服务对象的积极性、主动性、同理能力、共情能力提出了较高的要求。一方面，戏剧治疗需要服务对象集中注意力，全身心投入，各阶段包含大量交流、分享、讨论、演绎的环节，需要服务对象积极参与，表达自我思考，分享自我经历，演绎他人经历。若服务对象的积极性、主动性不足，则相关环节难以进行，也会对角色扮演等阶段产生影响。另一方面，戏剧治疗采取倾听并演绎他人故事的模式，因此需要服务对象具有一定的同理能力和共情能力，能够切身体会故事讲述者当时所处的情境与感受，同理能力和共情能力不足既影响戏剧的展示，又影响团队成员间的互动与沟通。因此，服务对象的积极性、主动性、同理能力、共情能力对活动开展有重要影响。

戏剧治疗采用角色扮演的形式解决服务对象的问题，因此需要着重关注移情与反移情问题，避免服务对象产生移情与反移情。戏剧治疗蕴含着倾诉、沟通、角色扮演等环节，需要团队成员的共情。对演员而言，若过度沉浸在角色中，不仅影响活动的进一步开展，也不利于自身精神层面需求的满足；对故事讲述者而言，若在回顾自身经历、观看他人演绎的过程中对表演者产生移情行为，不仅不利于团队成员间的互动沟通，也不利于自身问题的解决。因此，在戏剧治疗过程中，社会工作者需及时引导，避免移情与反移情出现。

综上可知，戏剧治疗的技术门槛与要求对社会工作者和服务对象都提出了挑战，需要社会工作者与服务对象的配合，才能获得更好的治疗效果。戏剧治疗过程中社会工作者与服务对象的双向互动，对社会工作者而言有利于更加顺利地推进活动，对服务对象而言有利于更加深入地参与，更好地探索自我，进而获得更大的收获和更快的成长。与此同时，进行戏剧治疗需避免移情与反移情带来的伤害，这又对戏剧治疗的应用提出了挑战。

（二）戏剧治疗应用前景

戏剧治疗在应对精神健康问题时有突出的效果，可以帮助服务对象平复心情，正视自我，解开心结，消除不良情绪。根据前文可知，当前我国空巢老年人的焦虑、抑郁等症状严重影响其精神健康，进而影响其生活，违背积极老龄化理念，因此关注空巢老年人的精神健康问题刻不容缓。本案例通过介绍"戏剧人生"项目，提供了运用戏剧治疗手段介入老年人精神健康问题的范本，展示了戏剧治疗在老龄化社会中的应用价值。在积极老龄化背景下，保障老年人的生理和心理健康，对提升老年人生活质量来说至关重要。戏剧治疗能够帮助老年人缓解孤独感，解开心结，减轻抑郁、焦虑症状，提高精神健康水平，符合积极老龄化理念。

戏剧治疗为改善老年人尤其是空巢老年人的精神健康状况，提高老年人的生活满意度有重要意义。其介入理念、方式和预期结果与积极老龄化理念一致，在当前有较广的应用前景。此外，中国优秀传统文化底蕴深厚，这为打造具有中国特色的戏剧治疗应用模式提供了深厚的土壤。西方传统的戏剧治疗模式可与中国传统文化结合，形成具有中国特色的戏剧治疗应用模式。

第五章 ｜ 老年小组工作和代际共融

第一节 案例背景

一、宏观背景

（一）老年歧视

老年歧视（ageism）是社会大众面对老年群体时依据年龄上的差别所做出的不正确的评价，或者说固有的成见，以及依据此评价或成见而产生的感受和行动，是对老年群体的负面形塑。

2010—2014 年，世界卫生组织针对 57 个国家和地区的 8.3 万人进行了一项调查，调查结果显示，在欧洲 28 个国家和地区中，65 岁及以上人群中有超过 1/3 的人报告自己曾经遭到老年歧视（即因年龄而受到侮辱或虐待，以及得不到服务等）[1]。在我国，也有一些学者针对老年歧视现象进行了相应的调查，例如，有学者对 2012—2017 年部分针对老年群体的典型新闻报道进行分析，发现针对老年群体的新闻报道呈现出负面消极的特性[2]。

老年歧视的原因是多方面的，体现在制度层面、社会层面和家庭层面三

---

[1] 关于年龄歧视的全球报告．（2022-06-18）[2023-02-24].https://iris.who.int/handle/10665/355647.
[2] 陈曦．刻板印象理论视野下老年群体"妖魔化"报道成因探析．新闻论坛，2018（4）．

个层面。（1）制度层面：社会再分配机制不够公平、法律不够健全。现有的社会服务体系和社会资源难以满足人口老龄化的需求。此外，缺乏具体的、针对性的保护老年人权益的法律，没有充分考虑到老年群体的特殊需要，难以真正解决老年歧视等侵犯老年人权益的问题。（2）社会层面：社会经济转型以及由此造成的价值观念发生变化。老年人在体力等方面难以与年轻人竞争，在经济生活中的作用下降，且因年龄而在就业市场上处于劣势地位，而且功利主义、个人主义、消费主义等价值观念也在冲击传统的孝道观念。（3）家庭层面：首先，子女数量减少以及频繁的人口流动使得家庭成员能提供给老年人的物质和精神支持有所减少，甚至会导致对老年人的漠视。其次，家庭的代际重心下移，"重幼轻老"的家庭文化使得家庭提供给老年群体的支持力度减小，养老责任主体对孩子的过度关注往往会导致对老年人的关心不足。

老年歧视的不利影响不容忽视。从老年人自身来看，老年歧视会损害他们的尊严和切身利益，使得他们社会地位边缘化并受到社会排挤，不利于其社会参与和自身的发展。从代际层面来看，老年歧视加深了青年人对老年人的偏见，不利于年青一代与年老一代的沟通交流，很容易加深代际鸿沟，破坏社会和谐。这种依据年龄对人进行分类和分隔的方式会伤害代际团结，损害全人类的健康和福祉，必须采取有效措施以减少老年歧视，让社会中的每个人都能够平等地参与社会发展并享受社会发展的成果。

（二）代际关系的现状

代际关系一般是指两代人之间的各种关系，本案例中的代际关系主要是指老年人与青年人之间的关系。代际关系应该从代际差异和代际融合这两个角度来理解，代际差异的存在是普遍的，关键在于如何正确看待和处理代际差异，促进代际融合，代际融合是构建和谐社会的必要条件。

代际关系涵盖家庭与社会两个层面，目前对家庭代际关系的研究较多，对社会代际关系的研究相对较少。有学者认为，家庭代际关系以血缘和婚姻关系为基础，特点是代际划分明确、权利与义务关系明确、具有利他倾向、主要依靠社会道德进行调节。社会代际关系是一种以利益关系为纽带的社会结构，同时也是一种维持社会正常运行的社会秩序。社会代际关系的调节机制主要是法律和社会制度安排。[①]

在现代社会，社会代际关系变化主要体现为经济关系、政治关系、价值观的变化。首先，在代际经济关系的变化上，上一代人所创造出的经济成果为下一代人所继承，同时上一代人退休之后要从当前劳动人口的经济成果中取得消费资料，这种经济关系很容易造成利益分配上的矛盾，从而加剧代际关系的恶化。其次，在代际政治关系的变化上，随着政治民主化和多元化的发展，代际平等化的趋势增强。最后，在代际价值观的变化上，老年人和青年人由于经历的社会发展过程不同，在观念意识、文化价值观等方面的差异扩大，容易出现代沟问题。因此，有学者提出，可以构建一个促进代际良好沟通与交往的社会环境，以此来推动社会代际关系的调整[②]。

本章将详细介绍北京市东城区朝阳门街道内务社区所实施的"当我像你一样"项目，以期在青年和老年两代人"交换人生"的过程中探索代际沟通的方式，并引导社会大众关注老年人，关心老龄化背景下的社会议题。

二、具体案例背景

（一）社区的情况

北京市东城区朝阳门街道内务社区位于朝阳门内，东临朝内南小街，南至史家胡同，西毗东四南大街，北起东四路口，面积 0.18 平方公里。社区共有楼房 18 栋，平房院落 83 个。社区常住人口总户数 1 334 户，常住总人

---

① 吴帆，李建民.中国人口老龄化和社会转型背景下的社会代际关系.学海，2010（1）.
② 吴帆.代际冲突与融合：老年歧视群体差异性分析与政策思考.广东社会科学，2013（5）.

口 3 468 人，老年人口所占比例达 75%。社区设有市民学校、老年活动站、青少年活动中心、党员电教室、工商工作站、工会工作站、多功能活动室，方便社区居民和中小学生活动。社区有 14 个文体团队，有 6 支志愿者服务队伍。

（二）存在的问题

老年人与青年人在观念以及生活方式上存在差异，双方难以采取有效的方式进行沟通。青年人认为老年人不愿意与现代生活接轨，旧思想多；而老年人认为自己是青年人的长辈，不知道该以什么样的方式与青年人沟通。

老年人在退休之后社会交往活动减少，交际圈子变小。退休之后，老年人失去了原有的工作角色，社会交往范围多局限于亲友、邻居，其活动能力也影响到了老年人的社会交往，老年人多数时间会待在自己的家中。

大城市快速的生活和工作节奏使得青年人不得不花费更多的时间在工作上，由此导致青年人与老年人之间缺乏沟通。

第二节　老年社会工作介入过程

一、项目设计

（一）项目简介

"当我像你一样"是内务社区居委会与 27 院儿于 2018 年发起的公共艺术项目，聚焦于青年人与老年人的对话沟通。截至 2022 年，"当我像你一样"项目已经运营了四年，每年都会在之前活动的基础上，融入新的议题和设想，使活动更加贴合实际：2019 年升级为 2.0 版本，在聚焦代际沟通的基础上，通过增加趣味内容来突出互动交流的概念；为庆祝中国共产党成立100 周年，2021 年的 3.0 版本——"当我像你一样：建党 100 周年特别版"，将 10 位老党员与 10 位青年党员进行配对，结合中国共产党的百年党史与红色记忆开展小组活动；2022 年的 4.0 版本聚焦公益，邀请 9 位老年人和 9 位青年人组成搭档，体验并参与空气污染预防、宠物救助、女性议题三个板块的公益活动。本章主要围绕 2018 年的"当我像你一样"项目 1.0 版本进行分析。

项目通过公开的社会招募，将一位老年人与一位青年人进行配对，通过"约会"的形式，破冰交流，通过一系列有趣的互动，使他们放下以年龄划分群体的刻板成见，走进彼此的生活。这种形式不仅可以推动青年群体关注老年群体的生活状况，也可以启发社会大众对代际沟通、老年人话语权与生活状况、老龄化等一系列社会议题的认知与思考。

（二）项目意义

通过本项目，在不同文化背景下成长起来的两个不同群体——青年群体和老年群体可以进行基于主题的审美趣味的互换体验，在互换过程中促成两个群体之间的对话，并启发青年群体与老年群体换位思考。

（三）依托机构介绍

朝阳门社区文化生活馆，简称 27 院儿。作为朝阳门街道的合作运营方，它形式上是一个面向公众的集艺术活动、文化挖掘、生活方式、公共教育、美学培养为一体的综合性社区文化中心，而核心则是将"艺术推动社区发展"理论转换为公共文化升级探索、老旧城区更新改造和社会治理和谐向好的实践行动的试验场。

27 院儿分为十个独立空间，秉承全新的公共文化模式和社区营造理念，以丰富多元的内容与灵活多变的空间整合，通过"文化磁石"的吸引力，进行在地活化和可持续探索，为公众提供了一个分享交流、寓教于乐的空间和平台。

为了搭建多元文化群体之间的交流平台，促进青老年群体的互动，27 院儿用了近两年的时间扎根胡同参与在地调研与服务：把艺术化社区理论和概念与在地文化进行融合，有条不紊地升级在地居民（以老年居民为主）的文化生活；开放胡同公共空间，促进年轻文化力量的回归与创新；甄选优质的多元文化内容，尝试跨领域、跨文化的交流与互动。

（四）项目理念和方法

项目的基本理念是老年一代与年青一代"交换人生"，互相体验彼此的生活，在体验生活的过程中加强对彼此的了解和认同，在互动交流中丰富社会交往，推动观念的变化。

项目的主要方法是"艺术推动社区发展"。在本案例中，"当我像你一样"项目公开招募参与者，利用小组活动为参与的老年人和青年人提供服务，在活动过程中建立老年人的社会网络，增加老年人的社会参与，满足老年人的精神需求，并增进代际沟通与了解。这与社会工作中的小组工作方法不谋而合。

（五）项目目标

1. 短期目标

成员之间相互熟悉，增进彼此的感情；通过交流互动，提升自己对另一个年龄群体的认识，并将此认识应用到家庭代际关系中，推动家庭代际关系的和谐。

2. 长期目标

通过两代人之间的互动，反思青年群体与老年群体之间的互动交流方式，并基于此社会实践，启发社会上更广泛的人群，对老年群体的话语权与生活状况、老龄化社会中年轻一代的未来等社会议题进行认知与思考。

二、项目开展过程

（一）服务对象招募

1. 招募公告

2018 年 4 月 15 日，27 院儿微信公众号发布了一篇文章，题目为《公共艺术项目招募｜当我像你一样》。文章介绍道：

关于时间流逝，几乎全人类都感同身受地统一了立场。以数字度量对时间迟钝的感知，恍然惊觉生日蜡烛已经无处可插的恐慌，是对衰老的敬而远之。毫无疑问，大多数人对生命以任何形式凋敝都是抵触的，诗人赞颂美少年与鲜花，却鲜少歌颂已至暮年的老妪。衰老，仅容颜逝去就足以令人辗转反侧，更别说每况愈下的身体健康状况，活力不再的生活日常……而对那些老灵魂的最大恶意就是后来者不假思索地划定了彼此之间丁卯分明的界线。

可是，你也会老去。你相约老了一起广场蹦迪的死党也正在老去。因此，衰老是一个值得所有人思考的命题。

尤其是大多数人已经意识到老龄化社会的到来，对未来养老予以高度关注。而社会包容度的不断上升，使得越来越多不同形态的生活方式和理念得到了认可，也正塑造着未来的社会形态。

在老龄化和少子化的夹击下，时下青年群体对老年群体生活状况的关注是极具时代意义的，两者之间的互动是为未来而进行的一场前瞻对话。

我们招募若干位青年加入我们的公共艺术项目"当我像你一样"，与若干位年逾花甲的长者基于我们都拥有的青春进行深入讨论。[1]

---

[1] 公共艺术项目招募｜当我像你一样 .（2018-04-15）[2022-10-14].https://mp.weixin.qq.com/s/KC9tqlkxubktJAdQ-438Hg.

2. 招募要求

招募截止时间：2018 年 4 月 22 日 24：00。

项目进行地区：北京。

3. 申请流程

请将申请材料发送至 info@beijingone.org。

申请材料包括：个人简历、个人生活近照一张、能体现个人特色的补充资料。

（二）活动过程 [1]

1. 活动初期：命运般的遇见和大配对

活动初期的主要任务是：青年人和老年人初次见面，进行深入交谈并确认项目结对的双方。

报名参加的老年人的基本信息如表 5-1 所示：

表 5-1　老年人名单

参与者	出生年	职业
杨奶奶	1933 年出生	制药企业职工
康奶奶	1938 年出生	染织企业职工
祝奶奶	1941 年出生	钢笔厂工人
杨大爷	1943 年出生	司机
朱老师	1943 年出生	国家机关退休职工
李老师	1946 年出生	幼儿园教师
蔡大爷	1947 年出生	电子集团工会主席
赵阿姨	1949 年出生	旅行社社员
陈大爷	1949 年出生	齿轮厂管理人员
邵大爷	1950 年出生	皮件厂厂长
瑞莉阿姨	1953 年出生	医院护士长

[1]　当我像你一样 |70 岁的灵魂交换到 20 岁的身体上是一种怎样的体验 ?. (2018-06-19) [2022-10-14]. https://mp.weixin.qq.com/s/KBW8bdG-hBt-d4WDwB8d1A.

续表

参与者	出生年	职业
闫大爷	1955 年出生	酒店职工
刚叔	1956 年出生	铁路机务段段长
焦阿姨	1961 年出生	低温设备厂工人

报名参加的青年人的基本信息如表 5-2 所示：

表 5-2　青年人名单

参与者	出生年	职业
曹静雨	1994 年出生	项目经理
U 酱	1993 年出生	文化创意人
Joey	1990 年出生	律师
程碗饭	1990 年出生	诗人
Pinky	1989 年出生	项目推广经理
王欣然	1989 年出生	社区社工
孙博	1988 年出生	社区社工
李雪	1987 年出生	社区社工
喜见	1985 年出生	青年作家
胡建家	1985 年出生	表演教师
孙旭	1984 年出生	社区社工
常旻	1982 年出生	社区社工
凉度	1981 年出生	影像创作者
杨薇	1979 年出生	社区社工

通过表 5-1 和表 5-2，我们能够发现参加活动的老年群体和青年群体在成长时代背景、职业等方面都存在较大的差异。为了减少差异感，在初次见面时，老年人和青年人分别进行了简单的自我介绍，表达了自己对配对伙伴的期望和设想，并通过居住地、年龄、喜欢的电影、家庭等话题加深了彼此的了解。

2. 活动中期：令人雀跃的初次"约会"

活动中期的主要任务是：青年人利用项目工作者提供的 200 元"约会"基

金，发挥创意为老年人设计一次"约会"活动。

参与者通过"约会"的形式了解了彼此的日常生活，并就一些好奇和疑惑之处进行了深入的对话。"约会"使得参与者之间的关系变得比较密切，对项目的认同感提升。

在活动中期，参与者开始表露自己，分享自己的问题、感受和看法。比如，喜见问道："当您发现脸上开始有皱纹的时候，有怕过吗？"杨奶奶回答道："没怕过，你慢慢地、自然而然地就老了，自然调节、自然发展。"交流互动拉近了参与者之间的距离，增进了他们之间的情感沟通。

3. 活动后期：交换青春的悸动

活动后期的主要任务是：老年人给青年人提供一套自己珍藏至今的年轻时穿的衣服，青年人按照自己对时尚的定义和理解为老年人设计造型，然后双方进行合照。

在活动过程中，焦阿姨和瑞莉阿姨分享了自己的服饰搭配心得，杨奶奶特地带来了自己学模特步时的"战袍"，李老师带来了一件墨绿色的"的确良"衣服……蔡大爷畅谈了他年轻时的时尚："我们那个年代，流行穿旧了、发了黄的军装，戴一军帽，然后背一个斜挎包。"蔡大爷认为，将老的物件留下来是一个念想，一看到就可以回想起那个年代的生活。通过老年人对自己年轻时的衣服的分享，青年人体会到老年人成长年代的特色，并与老年人共同探讨那些年的青春记忆。青年人对老年人进行装扮，让老年人有了不一样的时尚体验。焦阿姨说："今天特别崇拜（我的对子），我从来没有化过这样的妆，我对衣服也很喜欢，因为我也从来没有穿过这样的衣服，感觉一下子就年轻了。"

在活动后期，参与者形成了良好的活动状态，参与者们放下刻板成见，进行更加深入的交谈，寻找彼此的相似点，人生道路上每个阶段所面临的一些共性问题（比如恋爱迷思、工作困境等）拉近了参与者间的距离，参与者间的熟悉程度进一步加深。

4.活动结束期：开放观察 ①

这一阶段，活动结束，项目工作者以展览的形式，对活动成果进行总结，让参与者们看到参与活动带给他们的改变，思考项目的意义，帮助他们继续保持从项目中获得的经验和改变。

2018年6月，"当我像你一样"展览开幕，参与照片拍摄的"老时髦们"、颇具年代反差时尚感的青年参与者们都特地出席了开幕式，还同观众讨论起这些年社会变迁对胡同的影响，以及对城市中人与人之间日益冷漠问题的感受。

在展览现场，项目的整个流程、项目参与者的肖像、"约会"过程、拍摄过程中的花絮、有趣的双人照，以及众多之前没有公开的照片都以轻松的方式呈现在观众面前，带领观众一同感受项目过程中两个群体尝试对话的氛围，也让参与项目的青老群体"穿越"回项目活动现场，增强了他们的获得感。

5.后续：重阳聚首 ②

2018年10月16日，27院儿举办重阳节活动，延续代际交流的主题，将社区青年人与老年人聚在一起共度重阳，工作人员特意邀请"当我像你一样"项目的参与者前来再聚首。

活动当天，收到面膜当礼物的焦阿姨开心地说："和我配对的Pinky有心了，知道我爱漂亮，专门给我带了一盒我心心念念的面膜。"在"重阳爱心礼物猜"环节，社区中的老年人都收到了青年人精心准备的实用小礼物，如小夜灯、水杯、耳机、鲜花、围巾……这些小小的礼物充满了浓浓的爱意。此外，"当我像你一样"展览再度开幕，也勾起了项目参与者对当时拍摄趣事的回顾。这次重阳再聚首活动，增进了项目参与者之间的情谊，也为跨越年龄的相互理解增添了一点仪式感。

---

① 活动回顾｜当我像你一样展览开幕.（2018-06-25）[2022-10-14].https://mp.weixin.qq.com/s/_kPgLziE6Gzr5MNZEgfAIQ.
② 当我像你一样｜重阳赏琴韵流音，青老再聚首真情.（2018-10-19）[2022-10-14].https://mp.weixin.qq.com/s/PDMen6mwmBRxWAJEN8z1SA.

三、项目成果

"这是一次在不同文化背景中成长起来的社群审美趣味的互换体验。"朝阳门街道内务社区党委书记兼居民委员会主任史海宁介绍，这种项目不仅能够促进两个群体之间的对话，启发双方换位思考，而且能够激发青年人对长辈、对老年人的眷恋和感恩之情[1]。

以下是来自青年群体的感悟[2]：

年轻是一个人为设定的概念，我更愿从人本身的角度和人交往，所以我的朋友从不分年龄，我希望把这样的意识和观念传递给大众。而关于老年人的话题，现在社会给予的关注太少，我想要尽我所能，为老年人争取关注和权益。并且从内心深处来说，我觉得老年是每个人的必经阶段，我想问问走到这一阶段的人看到了什么样的风景，因为我终有一天也会到达。

——青年参与者喜见

"当我在害怕衰老的时候，我们的父母在恐惧死亡"，这是我在看完韩剧《我亲爱的朋友们》之后，努力睁开哭肿的眼睛刷豆瓣剧评时看到点赞最多的一句话。我在无微不至的照顾甚至控制下长大，一心想逃离家。"北漂"的我看起来活得很潇洒，在父母的问题上却很脆弱。

故事多会有一个好结局，可现实呢？每天都会想跟父母确认："我在北京过得不错，你们还好吗？"有时因忙碌而忘记确认，有时亦悸悸于电话接通，听到的却是父母生病的消息。感谢 27 院儿，让我明白了人生中所有重要却被视而

---

[1] "当我像你一样"心怀感恩过重阳.（2018-10-18）[2022-10-14].https://www.bjwmb.gov.cn/jrrd/qhxw/t20181018_884545.htm.

[2] 当我像你一样 |70 岁的灵魂交换到 20 岁的身体上是一种怎样的体验?.（2018-06-19）[2022-10-14].https://mp.weixin.qq.com/s/KBW8bdG-hBt-d4WDwB8d1A.

不见的问题不会随时间流逝而消失，只有面对才会有更好的可能性。

——青年参与者 Joey

年近 30 岁，对人生的思考愈发多了起来，并且随着年龄增长，也越来越关注老龄化以及"长辈"这个词所指代的群体。谈起老年人，我可能接触得最多的是我妈和自家亲戚。我一直认为年龄只是个数字，我对年老没太多的恐惧，通过这次项目活动，我对年老更有信心也更从容了。

——青年参与者 Pinky

以下是来自老年群体的感悟：

到这儿来参加活动，热闹、开心、长知识！虽然现在我和孙女还经常斗嘴，不过我觉得我更理解她了。

——老年参与者祝奶奶[1]

在参加活动之前，我和儿子之间就是长辈和晚辈的关系，我帮着照顾孙子，和儿子几乎没有多少交流。我和社区里的年轻人更加没有交流，因为我觉得自己是他们的长辈，有些话也不敢去和他们说。参加完活动后，我觉得我的心态年轻了，我看到了我年轻时的样子，勾起了我的很多回忆。我觉得我也该像年轻人一样，多学习新生事物。参加完活动后，我和社区里的年轻人的互动交流多了起来，也经常和儿子一起探讨现今社会上的新鲜事，还从抖音上互相发喜欢的视频。通过这个活动我才发现，心态年轻胜过生理年轻。

——老年参与者瑞莉阿姨

---

[1] "当我像你一样"心怀感恩过重阳.（2018-10-18）[2022-10-14].https://www.bjwmb.gov.cn/jrrd/qhxw/t20181018_884545.htm.

通过活动，我能更好地跟年轻人交流，进一步了解了当今年轻人的生活和思想，拉近了我与年轻人之间的距离，使我感觉自己也年轻了许多。

——老年参与者焦阿姨

对青年参与者来说，这次活动使得他们对未曾经历的老年生活有了一定的了解，减少了他们对衰老的恐惧和逃避心理。他们从中学会了坦然面对衰老这一人生必经过程，正确看待老年阶段和老年人。同样，活动也加深了他们对家庭中老一代人的了解。

对老年参与者来说，他们在这次活动中认识了新朋友，体验了青年群体视角下的生活，满足了精神需求。此外，与青年人的沟通，在一定程度上促进了老年人对家庭中年青一代的了解，维护了家庭代际关系的和谐。

对社会来说，青年群体与老年群体的对话和互动，有利于促进社会代际关系的和谐，实现代际融合。媒体对这一项目的相关报道，也可以引发公众对老年群体的关注以及对人口老龄化时代的种种社会现象、社会议题的思考。

第三节　分析与反思

一、老年小组工作核心理念与方法介绍

（一）核心理念

老年小组工作是指在社会工作者的指导和帮助下，利用小组的形式，针对老年人存在的生理、心理、社会适应等方面的困难，通过组员之间的直接、面对面互动和小组凝聚力的培养，帮助组员学习他人的经验，改变自己的认知和行为，提高应对困难的能力，恢复自身的社会功能并促进自身成长的专业社会

工作服务活动。

社会工作高度重视价值和伦理，老年社会工作作为社会工作的一个重要的实务领域，自然也重视价值和伦理，并将社会工作价值和伦理作为社会工作者从事老年社会工作的道德规范和行为准则。老年小组工作的核心理念有：（1）同理心。社会工作者要用一种设身处地的态度，站在老年人的立场来理解他们的行为与感受，诚恳、自然地回应老年组员的经验与感受。（2）真诚。社会工作者要适度地披露自己，诚实、开放地表达自身的感受。（3）接纳与尊重。社会工作者要关心老年组员，包容他们的多样性。同时，社会工作者在接触及与老年人沟通的过程中要保持尊重的态度，尊重老年人在服务过程中所表达的观点、意见或所做的决定，不把自身的意见或建议强加给老年人。（4）相信老年人能够改变。社会工作者坚信在接受专业服务与干预后，老年人在心理、情绪、沟通技能、社会适应能力以及学习技巧等方面都会有不同程度的进步，进而可以建立自信，提升解决自身问题的能力。

老年人在小组中分享自己的经历和感受，相互沟通、交换意见，可以从同辈群体中学习，并得到来自其他组员的回应和支持，使他们认识到自己所遇到的问题并不是特例，从而获得归属感和群体身份认同感。在相互交流的过程中，老年人分享自己过去成功应对困难的人生经历，这可以增强其自信。小组工作可以发挥每个组员的优势，提高组员的价值感。在与同辈群体互动的过程中，老年人可以找到共同语言，不容易受到年龄歧视或者老年歧视的影响。同时，组员因年龄上的同质性、成长过程中相同的时代背景，彼此之间更能够相互理解。在相互理解、相互支持的氛围中，老年人也能够得到情绪宣泄和疏导，从而有利于心理健康。此外，小组工作可以帮助老年人重建社会交往网络。老年期是一个角色不断丧失的时期，老年人失去了原有的工作角色，交际圈也随之缩小，交际范围局限于亲友、邻居，部分老年人会有丧失感，并产生孤独感。小组工作提供了人际交往的机会和平台以及安全的环境，使得老年人可以在此建立人际关系，实现角色转换。老年人还能够学习其他组员的行为模式，并将之运用到自己的生活中。在小组工作者和同辈群体的帮助下，老年人还可以解决当前面临的问题，并发展相应的能力。

（二）方法介绍

常见的老年小组类型有：（1）社交康乐小组。社交康乐小组可以提供帮助老年人维护身心健康的活动，使老年人在社会交往的过程中获得快乐，此类小组有阅读小组、舞蹈小组、绘画小组等等。在此类小组中，社会工作者的任务是设计活动内容、提供活动程序、促进活动开展。（2）支持小组。这类小组通过组员间的互相关注，帮助组员应对日常生活中的压力，促进组员的继续发展。在此类小组中，社会工作者的角色是推动组员间的相互支持与帮助。（3）服务小组。这类小组的目的是促成组员共同合作为他人提供服务，在服务他人的过程中，组员获得满足，体会到自身的价值。在此类小组中，社会工作者扮演协调者的角色。（4）治疗小组。这类小组的目的是帮助组员改变行为及康复，如针对认知能力衰退的老年人所组建的治疗小组。在此类小组中，社会工作者扮演专家、改变者的角色。（5）护老小组。这类小组比较特殊，组员包括老年人的家庭成员，其目的是帮助老年人的家庭成员更好地发挥照顾、爱护老年人的功能。在此类小组中，社会工作者的角色是教育者、支持者、使能者、倡导者。

老年小组工作的各个阶段，都需要依据其介入流程来逐步推进工作。

二、需求分析与介入策略

（一）服务对象需求分析

社会工作者必须弄清楚服务对象未被满足的需求，即服务对象缺少什么才导致了现状的出现。在本案例中，青年人面对的问题是对衰老缺少一定的认知，甚至对衰老存在恐惧、抵触心理，与老年人之间存在代沟；老年人面对的问题是巨大的社会变迁造成了悬殊的代际差异，由此导致代际沟通不畅，引发家庭代际关系的不和谐。从需求层次理论的角度来看，本案例中的青年人和老年人都存在社会交往需求和尊重需求未被满足的问题。

（二）介入策略

1. 开始阶段

在这一阶段，社会工作者需要将招募的服务对象组织起来，为建立小组做好准备工作。老年人对小组工作不一定有所了解，虽然抱着好奇和期望而来，但是由于陌生感而容易产生焦虑。社会工作者要消除组员的顾虑，协助组员彼此认识，打开心扉。之后，社会工作者要清楚地向组员阐明活动安排，让他们明白接下来自己要做什么、有什么会发生。这样能够提高他们对小组工作的关注度和配合度，从而推动小组工作的顺利开展。

2. 中间阶段

在这一阶段，社会工作者需要引导组员相互之间建立良好的关系：通过各种类型的活动，营造轻松、真诚的氛围，引导组员分享彼此的感受和体验。

3. 结束阶段

在结束阶段，社会工作者的任务是评估小组活动是否达到了预期目标，以及巩固小组工作的成果，帮助组员正确面对离别。社会工作者需要运用科学的技术和方法，系统地评估服务成效，总结在整个小组活动中，社会工作者的介入是否有效，是否达到了预期目标，同时总结工作经验，反思工作技巧，为提升之后服务的水平做准备。要注意的是，不仅要衡量小组活动结束时所表现出来的成果，还需要后续的追踪服务来巩固小组工作的成果。

三、解决问题的关键要点

在组织小组、控制小组和主持小组讨论这三个方面，工作的要点各有侧重。

（一）社会工作者组织小组的技巧

1. 前期准备

社会工作者应切实了解老年人所在社区的背景和机构状况。了解社区背景，可以帮助社会工作者了解老年人的日常生活和需要；了解机构状况，可以使小组社会工作自如地利用机构所可能提供的各种资源。

2. 确定目标

目标是开展工作的指针。小组目标的制定必须考虑到服务对象、社会工作机构、社会工作者等各方的目标，即小组目标应当是各方目标的协调或整合。

3. 成员选择

小组成员的选择与小组目标密切相关。小组工作一般选择具有相同或相似问题和需求的人组成一个小组，这是选择小组成员时应当优先考虑的。

4. 小组规模

小组规模以多大为限，涉及对多种因素的考量，其中包括小组目标、互动程度、问题性质、开展小组工作的条件等。小组参与人数不宜过多，这样便于观察和总结。

5. 聚会地点

小组工作经常涉及组员聚会，为确保聚会的顺利进行，对聚会地点的选择就很重要。考虑到老年人的特点，应选择一个交通方便、让老年人感到舒适的地方组织聚会。

6. 持续期限

一个小组究竟应当持续多久，要视小组目标而定。若是互动小组，则持续一至两个月即可。

7. 效果评价

在小组目标达成后，社会工作者要适时做好解散小组的工作。为总结经验教训，便于今后工作的开展，应当对小组运作的整个过程做出完整、全面的评价。社会工作者可以让组员分享自己在小组工作全过程中的感受，以此作为评价工作效果的重要依据。

（二）社会工作者控制小组的技巧

1. 通过角色的合理分工控制小组运作

为使小组正常运作，应当对组员的角色进行恰当分工。随着小组的发展和演变，组员的角色分工也应发生相应的变化，以适应不同阶段的要求。

2. 通过提升小组凝聚力控制小组运作

小组凝聚力强，就意味着该小组的组员比较团结，关系亲密，聚在一起能产生安全感和满足感。提高小组凝聚力是社会工作者和组员共同的责任。通过限制小组规模、设计有吸引力和趣味的项目、选择具有相似背景的组员、根据组员的共同需求设立和调整小组目标、发展组员的信任感及责任心等，可以增强小组凝聚力。

（三）社会工作者主持小组讨论的技巧

在开展小组工作的过程中，组织组员讨论是经常使用的方法。

1. 选择主题

对讨论主题的选择应当配合小组的需要，应充分考虑小组发展进程、小组特点、小组目标及组员能力等多种因素来加以确定。

2. 开场介绍

在讨论开始前，主持人应当介绍参与者，或让参与者自我介绍。这是使组员快速熟悉彼此的好时机。之后，主持人的基本工作便是引出讨论主题，以使讨论顺利开始。

3. 引领讨论

第一，了解的技巧。应创造一种轻松和谐的群体气氛，使每个组员都勇于表达自己的意见，即便意见不成熟也不至于感到受挫。第二，中立的技巧。应避免陷入与组员的争论中，尊重组员的意见；对组员之间的争论不偏袒。第三，问话的技巧。在讨论中针对不同的问题应注意使用不同的问话方式，如澄清事实或判断性的问题宜用"是"或"不是"方式，创造发言机会宜用开放性方式。

4.归纳总结

在讨论结束时，要对本次讨论做出总结，阐明取得的成果或达成的共识，指出存在的分歧，说明要进一步关注和讨论的问题。

四、工作反思

（一）适用性

在本案例中，27院儿采用的是"艺术推动社区发展"的工作方法。内务社区老年人居多，政府希望满足在地老年人的文化诉求，同时吸引青年人加入社区，为社区增添活力。27院儿便是在这样的背景下扎根于此的，通过与老年人的日常相处，建立友好的关系，并在此基础上开展服务。尽管这个案例最开始并不是以社会工作的模式展开的，但是从中我们可以看到公共艺术项目、公共文化活动能够给老年人带来的改变，并且活动的开展与小组工作有着共通之处，这说明跨领域的活动是可以相互借鉴的。

小组工作方法的理论基础是系统理论、场域理论、互动和沟通理论。它关注组员彼此的互动与沟通，目标是使组员在相互依存中得到满足，实现组员之间、小组之间和有关的社会系统之间的开放和互助。它的基本假设是：个人与社会之间存在有机的、相互依赖的系统性关系；人类在互动中积极地形塑自己的行为；小组是一个互助的系统，组员可以把其他组员作为自己解决问题、发掘潜能的资源。

通过组员之间的互动实现有关社会系统之间的开放和互助，这一点正契合"当我像你一样"团队成员的需要。老年群体面临社会关系尤其是代际关系困扰，这不是他们能够独自解决的，需要来自外部的力量支持。同样，青年群体缺乏对衰老的认知，因而对衰老有未知的恐惧，他们需要一个特定的情境来澄清认知，进而理解老年人。小组将这些人聚集在一起，他们有相同的经历和感受，可以一起探索互动模式。面对面的沟通交流能够消除老年人内心的孤单和寂寞，同时帮助他们建立新的友谊关系，拓展社交网络。在发展小组内部关系的基础上，老年人可将学习到的经验运用到家庭代际关系中。由此可见，小组工作是能够满足老年人的精神需求的。

（二）开展老年小组工作可能遇到的问题及注意事项

1. 潜在问题

（1）活动安全性。除在小组活动的内容设计上考虑安全性外，在组员招募时也要将老年人的身体状况纳入考虑范围，要注意组员的身体状况，以保证小组活动的安全开展。此外，在选择游戏时要尽量选择不激烈、在小范围内活动的游戏。

（2）个体差异性。老年小组工作侧重于满足小组整体的需要，为小组内老年人提供的服务和资源都是平等的。尽管老年人具有一定的相似性，但由于生活背景、受教育程度、家庭环境、性格等存在差异，小组内的老年人也具有个别性与独特性。因此，要注意关注小组中老年人的个人期望。

2. 注意事项

（1）遵守社会工作特别是小组工作的价值观。社会工作者与老年服务对象之间会存在一定的价值观冲突，这可能是由成长的时代背景不同导致的。因此，社会工作者要避免将自己的价值观强加给老年服务对象，不应指责和批判老年服务对象的言行与价值观，而应该坚持与老年服务对象一起工作，分享对问题的看法，探讨解决问题的策略。此外，社会工作者要相信人都能改变，每个老年服务对象都是独特的，都有不同的生命体验、不同的人格特征和潜质，通过为老年服务对象创造机会和条件，他们能够解决自己的问题，实现自助。

（2）适合老年人的小组活动设计。在小组活动选择上，需要结合老年服务对象的身体状况进行考虑，多以分享性活动为主，活动幅度不要太大，小组进程也不能过快，要给老年服务对象适应的时间。同时，要充分了解老年服务对象的需求以及加入小组的期望，在此基础上设计小组活动。

（3）针对老年小组工作的评估，既要引导老年服务对象进行评估，吸纳老年服务对象的意见和建议，又要运用量化指标，使用真实数据来评估，使评估结果更加科学化、更加客观。除服务对象评估之外，还要加强社会工作者、社会工作机构等对小组工作的评估，全方位、多层次地看待小组工作成效。

随着人口老龄化的发展，代际沟通方式是每个人都必须思考的问题。为实现代际良好沟通和协调，要树立代际平等和相互尊重的沟通理念，探索建立代际相互理解和信任的沟通机制，在良好的代际关系基础上促进社会和谐发展。

第六章 ｜ 社区治理与老年人社区参与

第一节 案例背景

一、宏观背景

我国早已进入老龄化社会，并有加剧趋势，老龄化社会治理问题日益突出。2000 年我国 60 岁及以上老年人口占总人口的比重为 10.33%，被学界看作中国人口发展史上一个里程碑式的重要年份，即 2000 年我国正式进入了老龄化社会。2020 年，我国人口老龄化速度明显加快，60 岁及以上老年人口的比重攀升到 18.70%，比 2000 年增加了 8.37 个百分点[①]。一方面，人口结构老龄化越来越突出，庞大的老年群体所产生的问题越来越明显地影响国家的发展与社会的稳定；另一方面，国家治理现代化发展进程也越来越快，用现代化的治理政策满足庞大的老年群体的美好生活需要成为重要任务[②]。

老龄化社会治理的核心之一是重视老年人的参与，而参与社区治理是老年人进行社会治理的主要途径，因此，提高老年人的社区参与是增强老龄化社会治理的关键。当前，我国社会正处于转型的关键期，社会治理的任务不断下沉，社区成为社会治理的"最后一公里"，为老年人参与社会治理提供了更多机会

---

① 陆杰华. 完善长寿时代社会治理体系. 中国社会科学报，2022-04-01（6）.
② 周学馨. 面向国家治理现代化的中国老龄社会治理. 探索，2021（2）.

和平台。我国老年人对于社区事务和社会活动具有较高的参与热情和参与意愿，然而现阶段我国老年人参与社区活动存在"高意愿、低参与"的现象，特别是一些老年人对传统的社区志愿服务活动（如治安巡逻、社区卫生清理等）不感兴趣。因此，推进老龄化社会治理，必须提高老年人的社区参与度[①]。

本章将详细介绍内务社区的"无废社区"项目，分析该项目如何推动老年人参与社区治理，并总结项目经验，为推进老龄化社区治理提供思路。

二、具体案例背景

（一）项目背景

2015—2019 年，政府发布了多项有关生态文明体制改革、垃圾分类的政策，为垃圾分类的推进提供了政策支持。2015 年 9 月，中共中央、国务院出台了《生态文明体制改革总体方案》，要求加快建立垃圾强制分类制度；2016年 12 月，国家发展改革委、住房城乡建设部出台了《"十三五"全国城镇生活垃圾无害化处理设施建设规划》，要求加快处理设施建设，完善垃圾收运体系；2017 年 3 月，国家发展改革委、住房城乡建设部出台《生活垃圾分类制度实施方案》，要求到 2020 年年底基本建立垃圾分类相关法律法规及标准体系；2019年 4 月，国家发展改革委等九部门出台《关于在全国地级及以上城市全面开展生活垃圾分类工作的通知》，要求到 2020 年，46 个重点城市基本建成生活垃圾分类处理系统。

2019 年 6 月，习近平总书记对垃圾分类工作作出重要指示，强调"实行垃圾分类，关系广大人民群众生活环境，关系节约使用资源，也是社会文明水平的一个重要体现"。习近平总书记指出："推行垃圾分类，关键是要加强科学管

---

① 谢立黎，陈民强. 个人－环境匹配视角下城市老年人参与社区治理的影响因素：基于北京市的调查. 人口研究，2020，44（3）.

理、形成长效机制、推动习惯养成。要加强引导、因地制宜、持续推进，把工作做细做实，持之以恒抓下去。要开展广泛的教育引导工作，让广大人民群众认识到实行垃圾分类的重要性和必要性，通过有效的督促引导，让更多人行动起来，培养垃圾分类的好习惯，全社会人人动手，一起来为改善生活环境作努力，一起来为绿色发展、可持续发展作贡献。"①

在国家政策支持、国家领导人号召垃圾分类的背景下，社区推出社区治理新方式势在必行。社区需要因地制宜地整合资源，打造具有社区特色的垃圾分类活动，号召居民参与，增强居民的社区参与能力，通过社区治理实现社会治理。

（二）社区的情况

关于内务社区与27院儿（本案例中称"合作机构"）的介绍参见第五章中的案例。本案例主要从合作机构的视角切入，探讨第三方团队应如何协助社区开展策划、链接外部资源以推动项目实施，达到推进老年人参与社区治理的目标。

自 2018 年 7 月起，内务社区党委以"文化自信"为思想核心，以"暖巷近邻，明志经年"为主题，以"创新"为主基调，以"不忘初心、牢记使命"为纲领，提出三个"持续"工作理念，即持续完善党支部规范化建设、持续增强社区党群感情、持续培育居民自组织和志愿服务意识。经过 4 年的努力，内务社区创立了三大工作板块：以社区营造和在地挖掘为主的"明志经年"文化赋能板块、以居民自组织培育和品牌建设为主的"内诚务实"机制创新板块，以及以居民议事能力培养和社区治理探索为主的"齐心筑梦"共创共享板块。

---

① 习近平 . 习近平谈治国理政：第 3 卷 . 北京：外文出版社，2020：345-346.

（三）老年人的情况

内务社区中老年人占比超过 70%，很多老年人成长于新中国成立初期，深受艰苦朴素和勤俭节约的观念影响，对废旧物品置换活动兴趣较高，而且他们愿意尝试新鲜事物，喜欢和年轻人打交道。

（四）存在的问题

（1）部分老年人没有意识到公共文化空间是为大众服务的，因此缺乏参与的主动性，也很难享受社区基本的公共文化服务。

（2）参加活动的老年人以女性居多，男性老年人社区参与程度相对较低。

（3）一些文化项目没有考虑到老年人的真实需求和接受程度，不适合老年人参与。

第二节　老年社会工作介入过程

一、项目设计

（一）项目简介

内务社区位于北京核心城区，同时又是东四南历史街区的重要组成部分，具有带头示范作用，因此社区垃圾分类工作更需要做好。本项目以社区为引导，以合作机构为支撑，以外部力量为辅助，以开展社区垃圾分类工作为手段推动老年人参与社区治理。

（二）项目意义

（1）培养并推动居民提升垃圾分类意识，践行垃圾分类观念，养成垃圾分类习惯，有利于保护环境，推动社区可持续发展，践行社会主义生态文明观。

（2）为社区老年人提供参与社区治理的机会和平台，提高老年人的社区参与程度。

（3）以垃圾分类为切入点，深入探讨协同治理的方法，有利于在社区形成治理规则，摸索出更有活力的治理方式。

（三）项目理念和方法

本项目的基本理念是在活动理论的指导下，通过社区活动增强老年人参与社区治理的意识，推动老年人参与社区治理。本项目采用的方法具体为社区工作方法和小组工作方法。在项目开展的过程中，先通过社区工作帮助居民迅速破冰，营造良好氛围，并基于社区活动筛选出有潜力的对象，通过小组工作推动有潜力的对象形成居民自组织，自主、持续地为社区提供服务。

（四）项目目标

1. 总目标

增强老年居民的社区治理能力，提高老年居民的社区参与积极性。

2. 分目标

培养社区居民的垃圾分类习惯，使垃圾分类的知识深入居民心中；营造和谐的社区氛围，搭建居民沟通互动平台；推进社区服务建设，组建社区垃圾分类志愿者队伍。

二、项目开展过程

（一）准备阶段

社区居委会统筹社区内各项事务，在老年人心中占据重要地位，老年人信任并愿意配合居委会所开展的各项工作和活动。为了能够让服务顺利开展，合作机构需要在服务之初与社区居委会建立相互信任的关系。在与居委会建立关系后，合作机构需要获取社区资料，并进行社区走访，了解社区居民需求。

经过调研，合作机构发现内务社区关于"无废"的需求主要有以下两项。

需求一："无废"知识需要与生活语境相联系。"无废"这一概念对老年居民来说并不陌生，老年居民体现出对这一概念的拥护和期待。一方面，居民希望此次活动的"无废"理念与生活语境相联系；另一方面，居民希望"无废"的理念可以代际传承下去，通过此次活动将老一辈"节俭"和"创造"的生活智慧传递给下一代。

需求二："无废社区"的服务应当是整合、便捷、有公信力且价格合理的。例如，当家中物件损坏后，大多数居民表示会找专人处理，但市场上的维修、清洁和改造服务价格较高。因此，居民希望"无废社区"能以更加合理的价格提供部分市场上提供的服务，包括维修、清洁、改造、废品回收等服务。

（二）开展阶段

在活动初期，合作机构的工作以辅助社区普及垃圾分类的背景与知识为主，致力于提升居民的垃圾分类意识，并培育居民自组织。在活动中期，合作机构协助社区引进外部力量，与居民共同探讨"无废空间站"设想，并发展居民自组织，使其逐步在社区落实和完善"无废空间站"设想。在活动后期，合作机构和外部力量逐步撤出社区，由社区辅助居民自组织进行运营，实现社区自治。为达到社区自治的效果，合作机构辅助社区开展了五期活动；在第六期活动中，合作机构提供了策划方案支持，并向着撤出社区过渡；在第七期活动中，合作机构完全撤出社区。活动的阶段性目标和内容如表 6-1 所示。

表 6-1 活动计划一览表

阶段	居民参与社区治理情况	对应活动		
		社区力量	合作机构	外部力量
阶段一：垃圾分类知识普及	居民初期以被动接受为主。	2019 年 8 月，社区开展第一期活动，向居民（以老年居民为主）普及垃圾分类的背景与知识。	2019 年 6 月开始携手内务社区，策划并有序推进垃圾分类工作。以满足社区"垃圾分类普及"的工作要求为主。协助第一期活动的开展。	外部青年专家做知识普及。
	居民自组织——"内务社区垃圾分类志愿队"初步建立。	2019 年 10 月，社区开展第二期活动，以实景体验的方式，使居民更精确地掌握生活垃圾分类知识。社区在该阶段主要引导居民进行厨余垃圾分类。	协助第二期活动的开展。	
	"内务社区垃圾分类志愿队"成员增多。	2019 年 12 月，社区开展第三期活动，以"绿色环保我先行"为主题，通过奖励交换市集和物物交换市集，引导居民（以老年居民为主）增强环保意识和主人翁意识。	协助第三期活动的开展。	访问街道办事处和社区居委会垃圾分类工作负责人、内务社区垃圾分类志愿队志愿者，了解大家对"无废社区"的真实看法。与社区建立共建伙伴关系。
阶段二：合作机构整合外部力量赋能老年居民	在合作机构和外部力量的赋能下，"内务社区垃圾分类志愿队"成为意见讨论者，社区治理意识加强。	2020 年 8 月，社区开展第四期活动，合作机构和外部力量与老年居民一起探讨"无废社区"理念和"无废空间站"构想。	协助第四期活动的开展。	协助第四期活动的开展。

续表

阶段	居民参与社区治理情况	对应活动		
		社区力量	合作机构	外部力量
阶段二：合作机构整合外部力量赋能老年居民		2020年9月，社区开展第五期活动，推动"无废空间站"设想落地。	协助第五期活动的开展。	协助第五期活动的开展。
阶段三：外部力量撤出，实现社区自治	"内务社区垃圾分类志愿队"高质量运营，社区治理能力提高。	2020年10月，社区开展第六期活动，以"居民想要什么样的'无废空间站'"为主题，让居民在游戏比拼中搭建自己心目中的"无废空间站"。	提供活动策划。	
	扩大活动宣传，让更多社区居民参与活动，整体提高社区治理水平，实现社区自治。	2021年10月，社区开展第七期活动，以"'无废空间站'的起点"为主题，尝试深入激发居民参加绿色活动的积极性，召集居民为"无废空间站"构想的落地而努力。		

（三）实施过程

在活动初期（第一至三期活动），合作机构主要辅助社区进行垃圾分类知识普及和居民自组织发掘及培育；在活动中期（第四、五期活动），合作机构主要负责链接外部资源，协助社区进行策划，发起对"无废空间站"设想的探讨，以加强居民自组织的积极性，提升社区自治能力和水平；在活动后期（第六、七期活动），合作机构和外部力量撤出社区，由社区协助居民自组织运营，逐步实现社区自治。

1. 第一期活动

2019 年 8 月，内务社区在合作机构的协助下开展了垃圾分类知识普及主题宣传活动，活动主要分为三大板块：垃圾分类趣味知识讲座、物物交换小集市、废物利用工作坊。合作机构主要辅助社区进行策划，并且邀请外部青年专家进行知识普及。

活动开幕后，社区党委书记先进行了简短发言，之后由外部青年专家做有关垃圾分类的趣味知识讲座，向居民普及垃圾分类的基本知识，为后续活动进行知识铺垫。讲座结束后是合作机构协助社区策划的物物交换小集市和废物利用工作坊。在物物交换小集市中，居民将闲置物品进行交换，提高了闲置物品的使用效率；在废物利用工作坊中，居民动手将废旧的材料制作成新作品，在活动参与中增强了对垃圾分类活动的兴趣。

2. 第二期活动

第二期活动采用实景体验的方式，模拟社区居家环境，手把手教居民如何在这些场景下进行垃圾分类。在这次活动中，合作机构主动设计了适合内务社区生活场景的厨余垃圾分类宣传页，侧重于提高居民的厨余垃圾分类意识。在活动中，工作人员使用家具和道具来模拟居家的两大场景——厨房和客厅，由居民去发现不同场景内可能产生的垃圾种类，并由专家指导如何处理。同时，设置投放游戏，让居民来比拼，看谁学到的垃圾分类知识更准确。

除通过活动提升居民的垃圾分类意识外，合作机构还协助社区在活动中挖掘有潜力的对象，建立居民自组织。社区部分老年居民积极参与垃圾分类活动，主动向周围人传播垃圾分类知识，并愿意加入垃圾分类志愿者队伍。合作机构和社区对自愿参与垃圾分类志愿者队伍的老年人进行了登记，并发放了志愿者马甲，这标志着居民自组织——"内务社区垃圾分类志愿队"的初步建立。

3. 第三期活动

第三期活动以"绿色环保我先行"为主题，主要包括奖励交换市集和物物交换市集。在奖励交换市集中，合作机构协助社区制作了活动背景板，同时准备了奖励置换物品，如洗衣液、餐巾纸、洗发水等。居民准确完成一定数量的垃圾分类题目或写下一定数量的针对内务社区垃圾分类的建议，就可获得相应奖励置换物品。该活动让大家逐步加深了对垃圾分类知识的学习。在物物交换市集中，活动主办方鼓励居民拿出家中闲置物品参与"有用交换、无用丢弃"小市集活动，让居民在进行家庭日常清理的同时，减少社区公共空间乱堆放现象。在该活动中，有不少居民积极参与，并且自愿维护活动秩序，居民的主人翁意识有明显提升。

除居民环保意识增强、主人翁意识提升外，居民自组织进一步发展壮大。在第三期活动中，有不少居民表现出对社区垃圾分类建设的兴趣，并主动加入"内务社区垃圾分类志愿队"，居民自组织进一步发展壮大。

4. 第四期活动

在第四期活动中，合作机构帮助社区链接到了更多外部资源，联合了中华环保联合会与绿色和平组织，为社区开展了更多促进垃圾分类意识提升的活动。由社区主要推进、合作机构和外部力量协助开展的第四期活动以自 2020 年 6 月以来持续深入讨论的"无废社区"为背景，采用实景模拟的方式，让居民通过空间划分、积木搭建和拯救垃圾游戏，模拟一个属于内务社区的"无废空间站"。在模拟"无废空间站"破冰活动中，工作人员将居民分为 4 组，让他们通过垃圾分类比赛决出名次。之后，工作人员将"无废空间站"分为 4 大空间场景，并在空间内提供家具、大型积木、胶带、小背景板等道具，让小组根据垃圾分类比赛的名次依次选择模拟空间，每个小组根据自己的创意完成空间模拟，并向其他居民讲解其创意。在此次活动中，老年居民积极参与，提出了自己对"无废社区"的宝贵建议，增强了主人翁意识。

社区居民关于"无废空间站"的构想如表 6-2 所示。

表 6-2 "无废空间站"构想整理方案

目的	体验与理念相结合：打破空间界限，将"无废"理念融入社区生活。
调性	"无废空间站"应该是一个温馨和亲切的社区客厅，供居民休闲使用。这个客厅使用回收或改造物品（每件物品都有它的故事）搭建而成。
空间划分	在空间划分上，"无废空间站"可以包括信息区、物品交换区、工具墙等空间。 信息区：在这里，居民可以自行张贴个人想要出售、交换或购买的物品信息。 物品交换区：建立网格式的存储空间，分类摆放居民的各类闲置物品。 工具墙：放置一些在维修中使用频率较低的工具供社区居民租借使用。
参与体验	"无废空间站"应该在满足社区居民切实的物品交换需求的同时，用丰富有趣的活动吸引他们持续造访。比如，定期举办以旧物为材料的缝纫、版画制作、酵素制作、牛仔裤工坊等主题活动。
其他（对空间站的畅想）	拓宽对"无废空间站"的常规想象：它不仅仅局限于一个社区公共场域，而是可以基于时间、空间、内容将"无废"理念与生活方式融入社区的文化生活场景中。比如，社区食堂、活动中心、街心花园、咖啡馆、临街商铺、菜市场，甚至是公共厕所，这些地点是社区居民日常生活最基本的组成部分，也是他们体验"无废"生活方式的重要接触点，居民在这些日常生活场景中就可以成为"无废"生活的践行者。而要想真正将"无废"理念融入社区生活，需要社区管理者、商户与居民的共同参与。结合季节或传统节日，社区可以定期举办"无废"主题活动，艺术也可以成为传递"无废"理念的载体。

5. 第五期活动

第五期活动是对前四期活动的升华，进一步将"无废空间站"构想推向落地。本次活动采用邀请外部力量与居民共创的方式，引导居民对废物利用、模拟空间布置及其运行机制等话题进行讨论，从而在社区内形成对垃圾分类和"无废"生活的持续讨论。通过此次活动，现有志愿者更加明确了自己的责任，骨干居民也变身为垃圾分类宣传员，为未来的"无废"生活增加了更多的可能性。在此次活动中，老年志愿者化身垃圾分类宣传员，主动向社区居民科普废物利用的知识，增强了社区参与。

6. 第六期活动

在第六期活动中，社区以"居民想要什么样的'无废空间站'"为主题，让居民在游戏比拼中搭建自己心目中的"无废空间站"。在此过程中，居民关于

"无废空间站"的想法进一步清晰，并且有更多居民加入居民自组织，主动承担维护社区垃圾分类志愿工作。居民自组织进一步壮大，推进了居民社区治理的发展进程。

7. 第七期活动

在第七期活动中，社区以"'无废空间站'的起点"为主题，尝试深入激发居民参加绿色活动的积极性，召集居民为"无废空间站"构想的落地而努力。相较于以往的活动，此次主题活动更具开放性。社区逐步将社区自治的权力下放给居民，居民的参与性与自主性提高，居民自组织实力增强，社区治理发展进程加快。

三、项目成果

第一，项目通过新颖有趣的游戏形式、通俗易懂的内容讲解，向广大社区居民传递了环保理念，提高了居民的生态文明意识。通过垃圾分类小游戏、海报张贴（见图 6-1）、知识讲座等，居民的环保意识有了明显提升，大部分居民能够对垃圾进行正确分类，并养成了日常生活垃圾分类的习惯。

图 6-1　居民在参观垃圾管理与垃圾分类概念图

第二，在项目实施过程中，社区居民（以老年居民为主）的积极性被极大地调动起来，他们积极参加活动，主动报名加入"内务社区垃圾分类志愿队"，参与垃圾科学分类倡导工作，践行绿色生活。通过此项目，居民的社区归属感增加、主人翁意识增强，社区的凝聚力大大提升，为居民参与社区治理和实现社区自治奠定了基础。

第三，项目活动也得到了媒体的关注，吸引了《人民日报》、人民网、《新京报》、北京新闻广播、《北京日报》、《北京晚报》、《北京青年报》等十几家主流媒体多次报道，并有几十家线上媒体对报道进行了转载，大大提高了项目的社会影响力。

第三节 分析与反思

一、老年社区工作核心理念与方法介绍

（一）核心理念

活动理论由美国学者哈维格斯特等人倡导，他们认为社会活动是生活的基础，人们对生活的满意度是与社会活动紧密联系在一起的。活动理论一般被用于解释人与人、人与社会的关系。社会活动是老年人认识自我、获得社会角色、寻找生活意义的主要途径。老年期是中年期的延续，老年人依然有能力和意愿参加各种社会活动。老年人只有多参加社会活动，才可能充分地保持生理、心理和社会等方面的活力，更好地促进生理、心理和社会等方面的进步[1]。

---

[1] 刘庆.社会活动参与、自我效能感与深圳流动中老年人的生活满意度.中国老年学杂志，2020，40（16）.

活动理论主张老年人应该尽可能长久地保持中年期的生活方式，用新的角色取代因退休或丧偶而失去的角色，从而把自身与社会的距离缩小到最低限度。在现实生活中有许多人赞同活动理论的观点，许多老年人常常有一种"不服老"的感觉和"发挥余热"的冲动。

活动理论指出，要引导老年人参与社交性活动，增强其与外界的互动，促进其身心健康。基于活动理论，"无废社区"项目设计了较多老年人能参与的活动，肯定老年人的价值。这一举措能够帮助老年人缩小自身与社会的距离，避免出现社会隔离，并促进老年人在活动过程中培养主人翁意识，找到自己的价值。

（二）方法介绍

社区工作是社会工作的基本方法之一，是一种以社区及社区居民为工作对象的干预方法。在社区工作中，社会工作者本着助人自助的价值观念与社区居民一起工作，旨在预防和解决社区问题，增强社区凝聚力和社区意识，推动和实施与居民福利有关的社会行动及社区发展方案[①]。相比个案工作和小组工作，社区工作分析问题的视角更结构化，介入问题的层面更宏观，具有一定政治性，富有批判和反思精神。社区工作具有增加社会福利、提供社会服务、引导社会行动和促进社会稳定的功能。其中，地区发展模式注重过程目标，注重居民的自助能力以及社区整合。该模式认为，居民社区参与不活跃是由人际关系缺乏、居民民主解决问题的能力不足导致的，因此需要在活动中引导居民加强沟通和讨论，以解决自身问题。社会工作者在其中扮演促进者、协调者或导师的角色，帮助居民掌握解决问题的技巧，并鼓励居民承担责任，增强对社区的认同。在实务工作中，可以使用社区工作方法进行破冰，之后使用小组工作（如教育小组）方法促使服务对象进一步发展。

---

① 王思斌. 社会工作概论. 北京：高等教育出版社，1999：266-292.

二、需求分析与介入策略

（一）服务对象需求分析

在活动理论的主张下，建设"无废社区"的关键问题在于老年人是否想参与。因此，在活动开展以前，需要深入地调研，了解老年人社区参与的需求，并找到其真正的痛点。通过前期调研，工作人员有两个发现，可以作为"无废社区"活动设计的突破口：一是社区老年人大多有资源匮乏的生活经历，形成了勤俭节约的生活习惯，因此对废物利用活动是非常欢迎的。二是随着社会发展、物质资源丰富，年轻人相较他们的父辈已不再重视节约，两代人之间因观念不同而存在冲突。"无废社区"项目可以搭建起代际沟通的桥梁，在让老年人勤俭节约的观念得到肯定和鼓励的同时，也启发年轻人以新的视角看待"落伍"的生活方式。

（二）介入策略

在活动理论的指导下，机构可以借鉴社会工作中的地区发展模式和教育小组方法，达到促进老年居民参与的目的。

地区发展模式应着重推动社区内不同团体及居民的广泛参与，界定社区及居民自身的需要，并采取自助及互助的行动去改善社区关系，解决社区问题，进而改变社区。地区发展模式重视过程目标，即发展社区自助能力和加强社区整合。它适用于较简单的社区，这类社区居民背景比较相似，社区内不同群体间虽然存在分歧，但没有根本的利益冲突，且居民对政府比较信任。内务社区常住居民多，且居民间基本没有根本的利益冲突，因此可以采取此种方法。地区发展模式的实施重点是：改革创新、习俗改变、行为改变、在工作过程中注重居民参与等。在此过程中，机构要找准居民需求的痛点，这样才能促使居民打开自己，带动社区互动。机构在其中扮演的角色有促进者、导师、中介人等。

教育小组在开展前需要筛选组员，找出具有共同特征的组员进行培养。在"无废社区"项目实践中，可以开展丰富的社区活动，从活动中找到具有潜力的参与者，并在征求他们同意的情况下，将他们纳入教育小组。由于内务社区老年人居多，因此在小组开展的过程中需要注意老年群体的特点，如记忆力下降、听力衰退等，设计符合老年人特点的活动吸引其参与。此外，要注意在设计垃圾分类培训活动时，难度不能过高，强度不能过大。

三、解决问题的关键要点

第一，提升老年人的认识，鼓励老年人参与社区活动。要想加强老年人与社区的联系，增进老年人的社区参与，首要工作就是让老年人对居住的社区有深入的认识和了解，如让老年人了解社区公共设施的分布、社区的新发展、社区内政府部门的工作、社区垃圾分类现状等，这些工作都可以在老年人教育小组中完成。

第二，发展和培育老年志愿者队伍。发展和培育老年志愿者队伍，一方面可以增加老年人的参与感，另一方面可以搭建起老年人相互支持的网络。老年人的潜能没有得到充分发挥的原因之一，就是没有充足的参与机会。在活动设计的过程中，在确保安全的前提下，机构可以信任和鼓励老年人，邀请他们参与项目设计，动员他们关心社区问题，给予他们前期充分表达意见和后期充分参与的机会。

第三，为老年人提供领导力训练，尽早成立居民自组织。社区工作的精髓在于推动社区居民参与、培养社区领袖和发掘人力资源。外部团队承接社区项目，作为第三方进入社区，期满后退出，发挥的作用是有限的，为了使活动的影响更加持久和深入，就需要外部团队在活动中发掘、培养社区领袖，并成立居民自组织。

四、工作反思

在工作手法上，可以更多地借鉴社会工作中的社区工作和小组工作方法，提供更专业的服务。社区工作运用专业化的手段协助社区居民参与，共同推动社区问题的解决。在老年人较多的社区，可以采用社区发展模式，通过培育社区自治能力来实现社区重新整合。小组工作是社会工作的基本方法之一，能通过小组活动过程及组员之间的互动和经验分享，帮助组员改善社会功能，实现转变和成长。根据"无废社区"的主题，可以开展环保主题成长小组活动，在活动中使得勤俭节约的观念深入人心。

在项目设计上，可强化"代际互动"相关内容。垃圾分类不是仅仅为老年居民的事，而是每一位居民的事，要想建设"无废社区"，需要更多社区居民参与。以垃圾分类为例，有些年轻人对老年人推行垃圾分类的行为表示不理解，而开展更多的活动增强代际联结，有利于形成共识，在促进代际和谐的同时，带动"无废社区"建设。

在"无废社区"项目的开展过程中，还存在以下三方面的不足：

第一，前期准备不够充分。首先，活动计划略有不周，活动场地稍显拥挤，在进行一些游戏时，空间不足。其次，在开展活动之前，没有充分考虑老年居民的想法，策划活动时并未邀请老年居民参与，老年居民的参与度不足。最后，对于一些突发事件，缺少应急预案。因此，在之后服务的前期准备中，应该充分考虑各种因素，尽可能做到全面合理地安排。

第二，需要细化服务模式。参与活动的老年人存在差异，对于如何在活动中满足老年人的特殊需求，仍需进一步探索。如社区中的一些老年人是"老漂"，他们希望在"无废社区"活动中满足交友需求；另一些老年人承担照看孙辈的责任，虽然参与社会活动的意愿强但时间受限。同时，要想拓展"无废社区"的内涵，引导更多居民参与到社区工作中，就要重视活动的"内生"性，基于居民的需求进行活动设计。

第三，"无废社区"老年志愿者培训需要提供更多支持和关怀。老年人学习速度减慢，操作能力和反应速度均降低，记忆力和认知功能下降，因此在培训过程中可能会遇到困难，需要得到培训人员的理解与支持。

第七章 | 老年人社区照顾与农村互助养老

第一节 案例背景

一、宏观背景

（一）农村老龄化现状

中国农村的人口老龄化程度高于城镇、人口老龄化速度快于城镇、人口老龄化地区差异大于城镇、老年人口多于城镇，总体呈现出城乡倒置的格局[①]。人口老龄化城乡倒置现象最早出现于 2005 年，并在 2010 年之后日益加剧。我国第七次全国人口普查数据显示：我国农村 60 岁及以上人口占农村总人口的 23.81%，城镇 60 岁及以上人口占城镇总人口的 15.85%；农村 65 岁及以上人口占农村总人口的 17.72%，比城镇高出 6.58%，而在 2000 年和 2010 年我国 65 岁及以上农村与城镇人口占比分别为 7.50%、6.28% 和 10.06%、7.80%[②]。有预测表明：2021—2035 年将是我国农村人口老龄化的加速发展阶段，中国农村的人口老龄化程度将进一步加剧[③]。

---

① 杜吉国，侯建明.我国人口老龄化城乡倒置的影响及解决对策.理论探讨，2012（3）.
② 2020 年度国家老龄事业发展公报.（2021-10-20）[2023-02-24]. http://www.hnlgbj.gov.cn/lgbj/29/32/content_18017.html.
③ 林宝.中国农村人口老龄化的趋势、影响与应对.西部论坛，2015，25（2）.

中国农村的人口老龄化区域差异明显。有学者基于 2019 年全国农村 65 岁及以上人口占农村总人口的比重及其在 2010—2019 年的变化率，将全国农村按照人口老龄化状况划分为三类地区[①]。第一类为高增速、高水平的"双高"地区，主要包括华东、华中、西南等地区的部分省市；第二类为低增速、低水平的"双低"地区，以西部省市为主；第三类为高增速、低水平的中间地区，主要包括东北和华北等地区的部分省市。

造成农村人口老龄化的原因是多样的，主要包括医疗卫生条件的改善和人口流动两方面。首先，医疗卫生条件的改善极大地降低了农村老年人的死亡率[④]。其次，人口流动使农村人口老龄化程度日益加剧。一方面，随着工业化和城镇化进程的加快，大量农村青壮年劳动力流出农村，到城镇寻找更广阔的发展空间；另一方面，长期在外的中老年劳动力，由于就业机会减少、生活压力增加而选择回归农村，这就加深了农村人口的老龄化和空巢化程度[②]。

农村人口老龄化产生的问题是不容忽视的。第一，老年人的照料需求难以得到满足。在农村，养老主要由家庭负责，青壮年劳动力的外流使得空巢老年人数量激增。老年人身体机能逐渐衰退，生活日益不便，如何养老就成了一个突出问题。第二，人口老龄化增加了地区的经济负担。人口老龄化意味着政府部门需要将更多资源投入养老保健领域，这需要巨大的财政支持，并对区域经济发展提出了更高的要求。[③] 总的来说，与城镇相比，农村在养老服务、医疗保健、就业体系等方面的发展尚未完善，无法与加速的人口老龄化匹配，人口老龄化问题若无法有效解决，就可能给农村的经济社会发展带来冲击。因此，需要重点关注农村的人口老龄化状况及其可能产生的影响。

---

① 高鸣. 中国农村人口老龄化：关键影响、应对策略和政策构建. 南京农业大学学报（社会科学版），2022，22（4）.
② 王亚楠，向晶，钟甫宁. 劳动力回流、老龄化与"刘易斯转折点". 农业经济问题，2020（12）.
③ 姚文. 乡村振兴背景下我国农村老龄问题的应对策略研究. 区域治理，2022（33）.

（二）农村养老的现状

伴随着农村人口老龄化程度不断加深，养老服务需求逐渐增多。与此同时，农村老年人日益增长的对高品质养老服务的需求同农村养老服务供给不充分之间的矛盾逐渐突出[①]。为了有效应对农村老年人的养老问题，我国逐渐探索出了家庭养老、机构养老、社区养老、互助养老等若干符合国情的养老思路。其中，互助养老不仅能满足农村老年人不离家的养老意愿，而且相较于其他养老模式成本更低，可有效缓解农村养老资金短缺、人才不足等问题。为此，互助养老逐渐成为当前解决农村养老难题的突破口。

互助养老是在互惠互利和社会交换基础上产生的同代之间或代际养老资源、服务的交换[②]。农村互助养老不是老年人之间简单的互助行为，而是与农村家庭养老、机构养老和社区养老相融合的新型养老服务模式。我国各地已因地制宜地开展了农村互助养老的试点工作，形成了多种类型的互助养老模式。其大致可以分为两大类：一类是集中供养式的互助养老，该模式以政府为主导，强调"集体建院、集中居住、自我保障、互助服务"，有助于满足老年人的养老需求，但存在对政府依赖性强、自我管理水平有限、专业化程度低且服务内容单一等问题。另一类是社区居家式的互助养老，该模式主要由政府、村集体、合作社和社会组织等出资，建立并运营养老服务中心，为老年人提供日间照料和上门照料等服务，但存在资金来源单一、服务形式简单化、服务质量难以保障等问题。总的来说，目前我国的互助养老存在资金及专业人员不足、管理体系及制度建设不完备、群众互助价值理念尚未达成共识、社会组织的作用未充分发挥等问题[③]。然而，不可否认的是，农村互助养老对于解决如今的农村养老困境，使农村老年人实现老有所养、老有所为、老有所乐仍具有突出意义。

---

① 姜碧华，李辉婕 . 基于服务质量视角的社区居家养老服务供需研究综述 . 老区建设，2019（16）.
② 李俏，刘亚琪 . 农村互助养老的历史演进、实践模式与发展走向 . 西北农林科技大学学报（社会科学版），2018，18（5）.
③ 刘妮娜 . 互助与合作：中国农村互助型社会养老模式研究 . 人口研究，2017，41（4）.

因此，本章将详细介绍河北省的"妇老乡亲"项目，以期展示当前农村互助养老模式的具体实践情况，并从中寻找出具有普适性的农村老年人互助养老策略，为农村互助养老体系的建设提供思路。

二、具体案例背景

（一）村居的情况

项目点六西岸村隶属于河北省平山县孟家庄镇，该地区位于冀西太行山东麓的平山县西北部，滹沱河支流文都河中上游地带，地处石质山区。六西岸村有常住人口 145 户，共 397 人，其中老年人口 87 人，空巢老年人口 46 人。当地自然环境优美，气候宜人，植被保存完好，距离革命圣地西柏坡仅有 15 km，有丰富的旅游资源。项目点哑杜村隶属于河北省平山县北冶乡。哑杜村有常住人口 212 户，共 874 人，其中老年人口 170 人，空巢老年人口 51 人。哑杜村历史悠久，村居内有古石桥、白龙庙和千年古槐等文化遗迹。此外，哑杜村曾有社火队、秧歌队、锣鼓队，群众文化基础深厚，且村民们有较强的文化学习自觉性。

（二）老年人养老的需求

六西岸村和哑杜村老年人的养老需求可以归纳为以下几个方面：第一，失能失智、高龄老年人的照料服务需求。由于村居内青壮年劳动力大量外出务工且村居内缺少养老服务机构，因而村居内生活无法自理的老年人的日常照料问题极为严峻。第二，老年人对医疗服务的需求。慢性病是影响老年人生活品质的关键因素，村居对老年人的健康档案管理不完备，针对老年群体开展的健康讲座较少，不利于提升老年人的健康水平。第三，老年人对文化娱乐的需求。必要的文化娱乐活动是个体幸福生活的必要条件，哑杜村曾经有社火队、秧歌队、锣鼓队等文化活动组织，但后期却因为缺少组织者和文娱活动资源而无法正常开展活动，未能为村民提供丰富的文化娱乐服务。第四，老年人对经济收入的需求。该地区的经济增长点比较单一，主要依靠种植业，这就导致当地村民的经济收入较少，而且当地虽有充足的资源发展旅游和特色农业，但由于缺乏科学的规划和推进，未能将潜在的资源转化为实际的经济效益。第五，老年人对参与社会活动的需求。当地的很多老年人有参与社会活动的意向，但缺少领头人进行组织，致使当地老年人缺少参与社会活动的路径。老年人的以上养老需求恰恰是当前开展农村互助养老应当回应的问题。

（三）存在的问题

六西岸村和哑杜村存在的问题总体可以归纳为以下几个方面。

第一，村居经济资源未能有效转化为经济效益。六西岸村自然景观秀丽，有天然的旅游资源，村内有部分闲置院落，可供游客观光和居住，但由于缺乏带头人组织和科学规划，当地的旅游资源并未得到充分开发。与此同时，六西岸村曾种植大量的杏梅、板栗、红豆杉和药材等经济作物，但由于无人管理便荒废了，其经济价值未能充分发挥。第二，村居传统文化娱乐活动没有得到延续。哑杜村曾经有大量的文化娱乐活动组织，它们在丰富村民的文化娱乐生活方面扮演了重要角色，后来却因缺乏组织者和融资渠道而较少开展活动，进而淡出了村民的视野。第三，村居自组织缺乏造血能力和科学的组织机制。村居曾经出现的自组织，无论是居民文化协会还是志愿者组织，都存在对村委会依附性强、自主性弱、活动主动性不足和缺乏科学化管理等问题，这使得此类组织的作用难以有效发挥。第四，村居缺乏专业人才。村居中曾有大量自组织，却由于缺乏管理者，这些组织逐渐没落。村中老年人在家庭照护方面也有诸多需求，但因为缺乏专业照护人员，因此无法提供相应的服务。第五，村民的志愿服务和参与意识不强，这不利于调动村民参与村居建设。

由此可见，当地存在一系列不利于推动农村互助养老有效开展的问题，所以"妇老乡亲"项目主要聚焦上述问题，充分发掘村居的养老服务资源，以提升当地整体的养老质量和水平。

第二节　老年社会工作介入过程

一、项目设计

（一）项目简介

"妇老乡亲"项目是由河北省荷花公益基金会对河北省石家庄市、邯郸市、张家口市等地的农村进行实地考察后，在农村试点实施，并在相关政府部门的支持下，由基金会提供资金与专业指导，社工机构负责项目的启动和运行，农村妇女组织和老年人组织负责具体实施，充分整合农村各类资源，服务农村老年人的一种新型养老模式。各社工机构依托河北省荷花公益基金会所设计的"妇老乡亲"服务方案，不断孵化、激活并指导各地的农村组织，充分调动各方积极性，动员志愿者和村民，并与当地老龄、卫生、农业部门合作，配合村两委开展老龄服务工作，以期达到改善农村老年人物质生活和精神生活质量的目的。

经过前期的实地考察，河北省荷花公益基金会共选取了 8 个试点区开展"妇老乡亲"项目，并由 8 家专业社工机构①承接项目，以期孵化、激活、指导当地的农村组织，进而通过村居的内生力量解决农村养老问题。结合各个试点区的项目实际开展情况和案例的代表性及可推广性，本章选取由河北省老年

---

① 河北省荷花公益基金会实际上依托了 8 家机构在 8 个试点区开展"妇老乡亲"项目，其中 7 家是社工机构，1 家是基金会，也就是本案例的依托机构——河北省老年事业发展基金会，而此基金会实际上跟其他社工机构采用了同样的模式开展工作、提供服务，因此在本案例中将此基金会视为专业社工机构，特此说明。

事业发展基金会承接的六西岸村和咂杜村试点区，该试点区在实践中打造出了"一手托两家、众人帮万家"旅居养老带动贫困村致富项目，极大地扩充了"妇老乡亲"项目的贯彻路径。

（二）项目意义

在该项目中，社工机构凭借其专业能力不断孵化并培育村居老年组织和妇女组织，挖掘当地的养老资源，因地制宜地开展服务活动，这对于满足村民对养老服务的需求、改善农村老年人的生活品质、推动农村妇女的个体成长、增强基层的自治活力具有重要意义。第一，就服务对象而言，该项目可以满足服务对象的日常照料需求，各类文化娱乐活动可以丰富其精神世界、缓解其孤独感，各类经济活动可以增加其经济收入，提高其整体生活品质。第二，就服务主体而言，该项目可以让低龄老年人和妇女参与到公共事务中，并在服务老年人的过程中实现自己的人生价值。第三，就村居整体而言，老年协会和妇女协会通过一系列活动参与到为老年人服务过程中，大量的活动参与有助于提升村民对公共事务的参与意识，进而提升基层自治的能力和水平。

（三）依托机构介绍

河北省老年事业发展基金会是为应对社会人口老龄化、老年人口高龄化、老年家庭空巢化的严峻形势，经河北省民政厅批准成立并主管的公募基金会。其以为老年人排忧解难、帮老年人谋利造福、让老年人晚年幸福为宗旨，业务范围包括：依法组织开展各种形式的公益募捐活动，接受国内外组织和个人的捐赠；创办和资助老年事业和老年福利；组织开展有益于老年人生命质量提升和权益保障的活动；救助城乡特困老年人；奖励为发展老年事业做出杰出贡献的个人和组织。

作为"妇老乡亲"项目的承接机构，该基金会依托河北省荷花公益基金会设计的"妇老乡亲"服务方案，并对其进行优化，打造了"一手托两家、众人帮万家"旅居养老带动贫困村致富项目——通过富有创新性的旅居养老模式，吸引城市里的老年人到农村休闲度假，与农村老年人结成对子，使城乡老年人可以实现手拉手、相互帮扶的互助养老模式。该思路极大地扩充了"妇老乡亲"项目的实施路径。

（四）项目理念和方法

首先，专业的社工机构工作人员通过对农村进行摸底调研和评估，洞悉当地村民的基本需求、发掘农村所拥有的潜在养老资源，并结合"妇老乡亲"服务方案，因地制宜地培育农村老年组织、妇女组织和志愿者队伍。其次，社工机构充分发挥其专业性，结合当地的村民需求和可用资源设计一系列活动计划，充分激发村民自组织参与养老服务，让村民为当地的养老服务做出自己的贡献，进而形成一种"我为人人，人人为我"的互助养老氛围。同时，在具体活动环节，社工机构利用小组工作方法将有相似需求和背景的村民安排在同一个小组中，通过营造轻松自由的小组氛围，减少成员的参与压力，传授新技能或新知识，并逐渐建立起互帮互助的组织，进而为当地完善养老服务体系奠定组织基础。

（五）项目目标

1.总目标

本项目主要以河北省荷花公益基金会的养老服务方案为范本，由社工机构进行具体方案的设计与项目进程的推进，以培育和发展农村社区老年协会、激发农村空巢老年人自助与互助能力为工作目标。项目通过专业化的社工服务、社工机构与当地村委会配合成立农村老年协会和妇女协会、开展城乡合作等形式满足农村老年人、妇女等群体的精神文化需求，激发农村老年人自身的潜力和社会责任感，支持其发展成为农村社区治理和空巢老年人养老服务中不可缺少的本土力量。

第七章 | 老年人社区照顾与农村互助养老

2. 分目标

（1）保障农村弱势群体的应有福利待遇。社会工作者通过日常服务了解村居老年人、妇女及其家庭的情况，对困难老年人、妇女及其家庭进行帮扶救助，搭建邻里支持平台，并通过多元化的社区服务满足其精神文化需求。

（2）以自组织形式提升内生动力与社会参与感。社工机构激发志愿者的专业服务潜能，通过专业化的培训过程和参与项目总体的实施过程，为老年协会和妇女协会成员增能，提升村民参与与管理自组织的能力和水平，进而提升村民社区参与的意识和能力。

（3）发挥试点地区的示范作用，形成可供其他地区借鉴的本土化服务模式范本。通过将"妇老乡亲"服务方案在试点地区落实，分析方案在实施过程中的不足与创新之处，期待可以从当地的实践活动中提炼出适合更多地区的服务思路。

二、项目开展过程

（一）准备阶段

在该阶段，由社工机构评估村居情况。进入村居后，社工机构首先初步了解村居的人口结构，并对当地村居的资源（包括自然资源、历史文化资源、经济资源、人力资源、基础设施资源等）状况进行整体评估，同时评估资源的可利用情况，为后期利用自然资源开展旅游养老项目、利用经济资源开展产业养老项目奠定基础。其次，开展对村民的需求评估，结合村民的身体状况了解村居中有哪些需要照料的人群（如高龄失能、残疾老年人等）及其具体需求，对村民整体的需求状况进行综合评估，进而有针对性地设计服务计划。最后，对村民的现有生活状况进行初步评估（主要采用问卷调查和访谈方式进行），这为中期和终期评估奠定了基础。

175

（二）开展阶段

在该阶段，由社工机构孵化村居老年协会和妇女协会。社工机构在对村居有较全面的了解后，开始协助当地组建老年协会和妇女协会，旨在将村居中的老年人和妇女组织起来。社工机构通过联络当地村委会干部，动员在村居内有威望、有知识、有能力的人（包括党员、退休干部、企业家等）参与协会的组建。在老年协会和妇女协会建立之后，社工机构结合当地协会的运行情况，动员并协助它们进行协会管理制度（包括协会章程、会员准入制度、财务及物资管理制度等）的搭建，同时制定初步的组织发展规划。规范化的管理和运行一方面使协会内部成员的互动日益秩序化、科学化、高效化，另一方面使协会对外树立了较强的社会公信力和权威，这为后一阶段各类服务计划的顺利推行做好了铺垫。

（三）实施过程

六西岸村和哑杜村开展的"妇老乡亲"项目是在河北省荷花公益基金会和社工机构的推动指导下，在当地村民自组织和村民的积极参与下形成的一个农村互助养老范例。在整个项目的运行过程中，河北省荷花公益基金会扮演统筹规划和资金支持的角色，社工机构在河北省荷花公益基金会的指导下积极推进项目的评估和落地，当地老年协会、妇女协会和其他组织主要负责项目的具体落实和推进，村民则是该项目能够有效开展的中坚力量，是推进项目进程的一线力量。社工机构结合村居实际情况，确定了五个主要的服务计划，分别是旅居养老计划、产业养老计划、农村文化娱乐计划、邻里护理照护计划和老年医疗保健计划（见图 7-1）。

1. 旅居养老计划

该计划即借助六西岸村的天然旅游资源，结合村居老年人的住房情况，落实旅居养老计划。当地依托河北省荷花公益基金会的资金支持和"妇老乡亲"

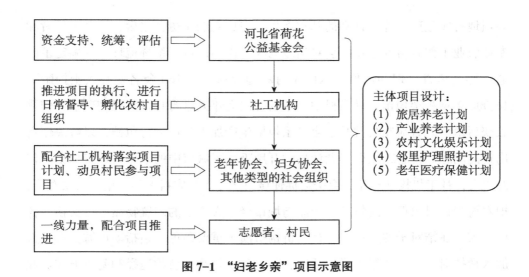

图7-1 "妇老乡亲"项目示意图

的基本理念，在社工机构的带动下成立老年协会和妇女协会，实施旅居养老计划。老年协会负责收集村居内有空余房间且房子整体条件较好的空巢老年人信息，社会工作者和老年协会联系村居内的装修能人对这些房子进行粉刷、加固和装修后，出租给来旅游的人，然后由老年协会对房间进行统一管理。根据协议，30%的租金付给提供房间的老年人，剩下70%的租金由老年协会进行统一支配。在项目实施过程中，当地通过吸引城市老年人到农村休闲度假，并与农村老年人结成帮扶对子，实现了城乡老年人手拉手互助养老。妇女协会主要负责组织村居内有劳动能力的妇女参与到旅游业发展中，如对出租的房间进行日常保洁，并为村居内失去自理能力的老年人提供照料服务。该计划一方面可以实现当地老年人的增收，另一方面可以不断提升老年协会的造血功能，充分调动老年协会和妇女协会自身的潜力和积极性，有助于后期社工机构撤出后该计划仍然能够正常运行下去。

2. 产业养老计划

六西岸村曾种植大量杏梅、板栗、红豆杉和药材等经济作物，但由于无人管理而逐渐荒废。社工机构在综合分析当地的经济作物资源和人力资源后认为当地有实施产业养老计划的基本条件。在成立老年协会之后，社会工作者和专业农业工作者协助老年协会对当地的经济作物进行了系统梳理，并确定了由老年协会负责管理和运作。六西岸村和哑杜村发动160余名爱心人士捐赠了16 000多棵板栗树苗，动员村中健康的低龄老年人进行日常管理和养护，作物收获后由河北省荷花公益基金会联系板栗生产加工公司进行包销，以解决作物出售的问题。再者，旅居养老计划的开展吸引了城市中的老年人前来旅游。借此机会，社工机构和老年协会努力促使城市老年人与农村老年人结成帮扶对子，把农村帮扶对象拥有的特色农产品与城市老年人家里的闲置物品进行交换，各取所需。在结对子的过程中，社工机构扮演了重要角色，包括动员城乡老年人加入帮扶对子、定期组织联谊活动、确定闲置物品交换的途径和基本方式。此外，社工机构积极链接资源，把农村帮扶对象的特色农产品通过慈善机构和爱心人士正常采购之后低价出售或无偿送给城市困难老年家庭，既使农村老年人实现了创收，也为城市困难老年家庭送去了温暖。产业养老计划强调老年协会要充分利用当地农产品这一经济资源为老年人创收，同时将特色农产品与城镇老年人的闲置物品交换，各取所需，实现互助的养老思路。

3. 农村文化娱乐计划

哑杜村老年协会在村民文化娱乐方面也发挥了巨大作用。该协会的部分职责是负责该村社火队和秧歌队的工作。社会工作者及老年协会的工作人员通过与当地先前社火队和秧歌队的组织者沟通，发现当地有丰富的文化底蕴，因此决定重新兴办社火队和秧歌队，充分利用乡村庙会和集会等活动，开展社火队和秧歌队活动，相关资金可以通过租售摊位等方式获得。当地的社火队和秧歌队可以参与附近村居红白喜事的演出活动，既丰富了当地村民的文化娱乐生活，传承了当地的传统文化，也为队伍和老年协会带来了收入，激发了队伍和老年协会的发展活力。除了开展社火队和秧歌队活动，当地老年协会在2019年12月邀请河北省楹联学会的书法家为村民义务书写春联，给村民送上祝福，这也极大丰富了村民的文化生活。

4. 邻里护理照护计划

哑杜村存在生活自理能力较差的老年人，基于他们对基本生活照护的需求，老年协会和妇女协会配合，采取"时间储蓄"的方式，让哑杜村认可该项目并愿意投身于其中的妇女为这些老年人提供保洁、护理、做饭等服务，让有志于参与志愿活动的低龄老年人利用闲暇时间为病残、失能、半失能老年人提供生活照料和精神慰藉。在计划初期的人员招募环节，社工机构同妇女协会相互配合，利用村委会广播、村政务栏等宣传该计划。不仅如此，社会工作者还积极邀请村居中威望较高的人参与，以吸引更多人参与进来。在培训环节，社工机构请培训人员对妇女进行知识和实践培训，并对其进行相应考核，以保证上岗妇女拥有照护老年人的基本能力。培训完成后，老年协会与妇女协会配合，将参与照护服务的妇女与需要照护的老年人结成对子，确立邻里照护关系，开展照护服务。为了充分调动妇女的积极性，该村居采取"时间储蓄"的方式：妇女协会负责为提供照护服务的妇女建立台账，对台账的基本信息及时归档，定期予以公示；等她们需要养老服务或者需要其他志愿者提供帮助的时候，则可以支取自己储蓄的时间，免费兑换服务。该计划通过将服务用时间来量化，实现劳动成果的延期支付，从而达到互助共济的目的。在整个实施环节，社工机构的监督贯穿始终，以期通过专业化的督导保证服务的质量和持续性。

5. 老年医疗保健计划

老年医疗保健计划包含两部分，分别是村医定期拜访服务和义诊服务。村医加入老年协会或妇女协会，对志愿者进行医务知识培训，包括测血压、测血糖、心理疏导等；村医定期带领村居内志愿者拜访卧床、活动不便的老年人，为其提供常规的医疗服务，及时发现其问题，并予以及时解决。社工机构充分发挥资源链接作用，积极链接义诊和健康教育宣讲资源。社工机构和老年协会邀请河北医科大学第四医院各大科室的专家到村居内开展义诊活动，并通过开展有关心脑血管和肿瘤等疾病的预防知识讲座，提高村民对于疾病预防的重视。

三、项目成果

（一）村居的改变

从村居角度来看，"妇老乡亲"项目在入驻当地的过程中催生了本地旅游业和特色农业的发展，完善了当地的基础设施，促进了服务业等第三产业的发展，推动了当地社会经济的整体发展。同时，社火队和秧歌队的演出活动极大丰富了村民的精神文化世界，演出活动中养老元素的注入营造出助老、爱老、敬老的社会风尚。总体来看，项目活动的开展使农村地域的资源要素得以充分整合，当地村民积极参与互助养老活动，倡导内生增能、互帮互助、关爱空巢长者的氛围也已在该村居"落地生根"，老年协会和妇女协会的运行和管理逐渐规范化和制度化，为后期社工机构撤出后仍可以有序运行奠定了基础。

（二）村两委和村居自组织的转变

村两委的主人翁意识显著增强，参与基层治理的能力逐步提升。在项目开展之初，村干部把自己定义为"外人"，不发表过多看法。随着项目的深入开展，社工机构凭借专业力量使村干部在态度和行为上都发生了明显改变，在需求评估、中期评估、终期评估等多个环节表达自己的看法，参与感显著增强。该项目的开展主要依托于村居内的老年协会和妇女协会，使村居内老年协会和妇女协会得到了快速成长。在社会工作者的指导和推动下，各协会逐渐形成了自己的规章制度和发展规划，并结合项目发展的整体思路，开展具体的服务。在活动过程中，协会成员的组织能力、服务意识和参与意识得到显著增强，这对整个村居的治理水平的提升大有裨益。

（三）村民的转变

（1）村民的经济状况得到明显改善。社工机构通过指导老年协会和妇女协会实施"旅居养老计划"和"产业养老计划"，发展特色旅游业和特色农业，在某种程度上为提高服务对象的生活质量奠定了物质基础。

（2）老年人的生活品质得到显著提升。当地采取"时间储蓄"的方式调动妇女参与对生活难以自理的老年人的照护服务，帮助老年人解决一些生活上的不便；同时，村医定期拜访服务和义诊服务极大改善了老年人的健康状况与生活条件。

（3）老年人的精神文化生活日益丰富。当地的社火队和秧歌队定期开展演出活动，这在很大程度上丰富了老年人的精神世界；妇女通过参与对老年人的照护服务，同老年人进行交流沟通，让老年人获得了精神慰藉；当地老年协会也为老年人提供相互交流的平台，让老年人可以表达所思所想，使其能满足自身的精神文化需求。

（4）村民的社会参与意愿显著增强。在该项目开展过程中，社工机构扮演指导者和倡导者的角色，具体活动的开展则由该村居的老年协会和妇女协会组织志愿者负责。活动充分发挥了老年人的自身潜力，尊重了老年人的主体地位，增强了老年人的主人翁意识，极大提升了老年人对于公共事务的参与热情。同时，该项目引导其他村民参与项目运行，这对于提升全体村民对村居事务的关注度和参与能力具有突出价值。

第三节　分析与反思

一、互助养老核心理念与方法介绍

（一）核心理念

"社区照顾"概念最早产生于英国社会对机构式收容穷人的非人性缺陷的批

判①，20 世纪 50 年代后，英国政府将社区照顾方法引入老年人照顾领域，20 世纪 80 年代后，社区照顾的责任主体由政府逐渐转变为家庭、邻里、社区等非正式组织②。社区照顾指的是社区中的各方成员——亲朋、邻里、志愿者和社区领袖等——组成非正式网络，协同各种正式的社会服务机构，在社区内为需要照顾的人提供服务的过程③。在老年人照顾领域，社区照顾意味着在社区里调动各类资源对老年人进行照顾，包括将专业养老服务机构引入社区提供专业服务、发掘并利用社区潜在的社会资源、利用社区网络和个人的社会支持系统形成对老年人的非正式照顾，以满足老年人对养老服务的基本需求④。

　　社区照顾模式在农村养老服务中的运用也有一系列需要解决的问题。首先，社区资源特别是社区硬件资源不足。虽然政府近年来在村居养老服务方面进行了资金支持，在村居设立了托老所、老人之家等，但总体而言，社区养老机构建设缺乏资金支持、缺乏专业服务人员开展服务工作（例如针对高龄老年人、失能老年人的专业服务）④。其次，社区养老服务组织体系不健全、组织动员能力较差、缺乏社会成员的广泛参与。因此，为了充分发挥社区照顾模式在农村养老服务中的突出优势，并充分考虑其潜在的问题，一种新型的社区养老模式——互助养老模式应运而生。农村互助养老强调激活农村自组织活力、搭建社会组织基本框架、动员村民活力、挖掘村居的各类资源、重视老年人之间"自助-互助"理念的形成，而非互助养老机构硬件的建设，这在很大程度上对社区照顾模式在农村养老服务领域遇到的问题做出了回应。因此，互助养老模式本质上是社区照顾模式在农村养老服务领域的一大探索。

　　互助养老模式旨在发掘并利用老年人的人力资源，使老年人之间结成互助养老关系，以更好地应对社会养老需求快速增长的问题。农村互助养老的核心

①　黄源协. 社区照顾服务输送模式之探讨. 社会政策与社会工作学刊，2000，4（2）.
②　龚韩湘，冯泽华，唐浩森，等. 英国购买式社区照顾服务模式的发展、改革及启示. 中国卫生政策研究，2017，10（1）.
③　钱宁. 社区照顾与中国社会福利制度的改革. 中国青年政治学院学报，2002（4）.
④　钱宁. 以社区照顾为基础的中国老年人福利发展路径. 探索，2013（2）.

理念有：（1）相信老年人可以改变。社工机构要始终坚信通过开展互助养老项目，搭建相应的养老平台，老年人可以通过获得日常照料服务、参与照料他人、参与老年协会等，使自己的生活质量、心理状况、参与能力和获得感得到改善。（2）老年人自身有丰富的资源。社工机构要始终坚信老年人有价值，要充分发掘并利用老年人的人力资源，使之可以为地区养老事业的发展做出贡献。在农村互助养老推进过程中，社工机构应当敏锐地识别农村老年人潜在的资源，并将这些资源同当地的养老服务需求结合起来，充分利用老年人的资源，助力互助养老服务。（3）接纳和尊重。社会工作者在同老年人相处和沟通时，要尊重老年人的态度和观点，结合当地老年人的实际需求和想法设计互助养老服务，而非把其他地区所谓的"范例"直接应用到当地。（4）坚持"服务优化、设施建设弱化"的理念。农村互助养老在很大程度上依靠老年人结对开展照料服务，由于照护者多为农村低龄老年人，其照护的专业化程度不高，因此农村互助养老需要重视照护者服务质量的提升。（5）注重模式发展的可持续性。农村互助养老项目在实施前期大多依靠外部专业力量介入并提供资金，后期则通过老年协会等自组织对整个项目进行具体运作。社工机构需要提升老年协会等自组织的管理水平和发展活力，使其在社工机构撤出后仍可以持续提供服务。

（二）方法介绍

农村互助养老模式是与中国农村传统家庭照料弱化以及老年人无人照料难题激增相适应的具有中国特色的新型养老模式[①]。该模式的核心是充分利用农村地区老年人的人力资源，激发老年人参与养老的热情，通过"时间储蓄""劳务储蓄""结对帮扶"等互助养老形式开展养老服务，推动老年人之间"自助－互助"理念的形成，并促进老年人之间的相互扶持。也就是说，互助养老的重点不在于推动互助养老院等硬件设施建设，而在于激活老年人守望相助的认知，

---

① 刘妮娜. 互助与合作：中国农村互助型社会养老模式研究. 人口研究，2017，41（4）.

将零散的互助行为有效地组织起来，达到充分利用老年人力资源、开展互助服务、促进老年人社会参与的目的[①]。

农村互助养老的常见类型主要有以下几种：

（1）根据互助养老的场域，可以分为互助型社区居家养老和互助型机构养老。互助型社区居家养老由政府主导推动，由村两委或社会组织实际运营。该模式的经费主要源于地方政府财政补贴、村集体经济收入、企业和社会资助以及老年人付费。例如：浙江省安吉县自2006年以来在农村积极推动建立"银龄互助服务社"，为老年人提供休闲娱乐活动、志愿互助服务等。互助型机构养老主要指在养老机构中自发形成"自助－互助"关系，低龄老年人在料理自己的生活的同时可以为高龄、失能失智老年人提供简单的服务，如帮忙打饭、查看情况等。

（2）根据互助养老实践的领导主体，可以分为群众自发型互助养老、能人带动型互助养老以及干部领导型互助养老[①]。群众自发型互助养老即村民直接发起和参与村居的养老服务，互助养老实践的推动力量来自普通村民，村民基于地缘关系和血缘关系结成互助关系进而开展服务，但其存在组织化程度低、养老服务范围狭窄等问题。能人带动型互助养老即互助养老服务由村居能人发起并组织，以其广泛的号召力和较强的治理能力推动互助养老发展。干部领导型互助养老指村干部通过动员各种社会资源参与社会养老服务，主导整个互助养老服务的运作过程，互助幸福院、互助养老合作社以及互助照料中心等互助养老形式就是典型的干部领导型互助养老。总的来说，无论是哪种类型，其强调的都是老年人之间"自助－互助"理念的形成，而非互助养老院等硬件设施的建设。

---

① 杜鹏，安瑞霞.政府治理与村民自治下的中国农村互助养老.中国农业大学学报（社会科学版），2019，36（3）.

二、互助养老面临的挑战与介入策略

（一）面临的挑战

（1）缺乏政策和资金支持。尽管国务院在 2017 年发布的《"十三五"国家老龄事业发展和养老体系建设规划》中强调，要通过邻里互助、亲友相助、志愿服务等模式和举办农村幸福院、养老大院等方式，大力发展农村互助养老服务，但政策大多停留在书面文件层面，在互助养老运作模式、资金支持、法律规范等层面缺乏操作化指导。再者，互助养老服务的开展需要有资金支持，当前的运营资金主要依靠地方政府财政拨款、村集体经济收入、捐赠等，来自社会层面的支持较少，相关鼓励机制不健全。

（2）社会工作者前期进入村居困难。社会工作者前期选取合适的方式进入村居实非易事，在农村，新成员的进入大都需要通过行政途径或者熟人介绍。采取行政途径进入村居极易导致当地村民难以表达自己的真实想法，进而导致前期的需求评估和调研信息可信度难以保证；而依靠熟人介绍进入村居也存在问题，例如介绍人如何获得、他是否了解村居情况、他是否在村居内有威望等。因此，社会工作者选择一种恰当的进入村居的方式并非易事。

（3）各主体对社会工作者的角色认知存在偏差且协同能力不强。农村互助养老服务的有序开展依靠多个主体的共同努力，但在开展过程中存在角色定位不清晰的问题。在政府看来，社会工作者是来帮助其分忧的，可以从根本上解决当前面临的所有困境；而在服务对象看来，社会工作者可能只是来陪他们聊聊天、发点小礼品，无法从根本上改变他们的现状，所以会采取观望态度。各主体对社会工作者的角色认知偏差使得服务成效大打折扣。与此同时，各主体在项目开展过程中的协同性不甚理想。例如，在计划制订环节，部分老年协会扮演被领导角色，以致其真实想法无法有效表达；在计划实施环节，政府的作用不甚明显，缺乏必要的参与。

（4）社会工作者对服务对象及服务过程缺乏动态评估，服务内容亟待丰富、服务质量亟待提高。尽管在项目开展初期，社工机构对服务对象进行了需求评估，但随着时间的推移，服务对象的需求会产生变化，这就容易导致预设的活动计划可能无法满足新的需求；服务过程缺乏动态评估，导致服务的实际效果无法得到及时反馈，进而无法对不合时宜的服务进行调整优化，不利于服务质量的提升；与此同时，由于农村互助养老大多依靠低龄老年人提供服务，在缺乏专业知识的情况下，老年人整体的服务内容和服务质量受到限制，例如精神文化服务、家政服务等开展得较多而照护服务开展得较少，服务内容比较单一，服务质量有待提升。

（5）农村自组织之间的交流不充分。社会工作者在项目过程中忽略了自组织之间的交流，相应的交流机制尚未建立起来。

（6）农村自组织的发展路径尚未理顺。由于缺乏明确的运作模式和稳定的资金支持，自组织的发展路径尚在探索中。村民受文化水平的限制，在自组织的运作管理、维持、激励等方面专业能力不足，自组织的自我造血能力和可持续发展能力比较弱。项目过程中针对自组织发展的学习活动开展得较少，这就无法保证自组织在专业力量撤出后仍能够有序运作。

（二）介入策略

（1）社工机构进入村居并对村居进行初步评估。首先，社工机构需要同当地的村干部沟通，同村干部建立良好的关系，方便在后期活动开展过程中获得支持。其次，社工机构需要了解村居的整体情况，包括村居内可以调动的各类资源、村居内的能人等。再次，社工机构需要逐步深入老年人群体，通过观察、访谈、问卷调查等方式分析老年人的基本需求，并向老年人宣传互助养老模式，为后期活动计划的制订和实施创造条件。最后，社工机构需要对村居情况特别是村居老年人的生活质量和生活满意度进行初步评估，为之后中期评估和终期评估提供参照。

（2）社工机构积极向相关主体明确其角色。社工机构要始终清楚自身的角色定位和职责划分。在处理与政府的关系上，社工机构要与政府部门积极沟通具体的服务方式、服务内容、评估方式等，并最终以文件的形式呈现。在沟通过程中，社工机构要努力传递协同服务的理念。在处理与村民的关系上，一方面，社工机构在项目前期需要协同村委会组织村民会议，在会议中宣传社会工作者的角色，传递"妇老乡亲"项目理念，突出村民在推进农村互助养老发展中的价值；另一方面，社工机构要寻找村居中有威望的人士，并取得他们的信任和支持，通过他们的宣传让更多村民了解社工机构，进而为后期活动的开展奠定群众基础。

（3）社工机构推动村居自组织建设。社工机构结合村居老年人的服务需求和村居现有的人力资源成立了老年协会和妇女协会。社会工作者要通过开展管理知识培训等方式，提高老年协会和妇女协会干部的管理能力。此外，社会工作者要引导老年协会和妇女协会成员制定协会的规章制度和发展规划，以推动协会的持续发展。

（4）社工机构推动助老者的服务培训工作。在服务过程中，助老者的服务水平和专业度对于服务对象生活状况的改善有重要意义。因此，社工机构推进助老服务专业化是促使该项目有效运行的关键举措。社工机构可通过组织专家讲座、上岗技能培训、定期经验交流等方式提升助老者的专业服务质量。

（5）社工机构协同自组织推动老年人互助关系的形成。互助养老模式的关键要义在于村民特别是老年人之间互助关系的搭建。老年协会可基于地缘、血缘等关系，结合老年人的需求及助老者的服务能力进行结对，并登记记录，初步形成互助关系。

（6）社工机构引导自组织制订服务计划。互助养老模式的重要环节是结合村居拥有的资源制订满足老年人各类需求的服务计划。需要明确的是，互助养老服务并不是仅包括照护服务，也应包括精神文化服务等。因此，在制订服务计划的过程中，社工机构要引导自组织开阔视野。

（7）社工机构对互助养老项目进展进行定期评估。在项目过程中，社工机构需要定期对服务开展情况进行评估，根据实际效果调整计划，以推进项目的整体进程。

（8）社工机构要进行政策倡导并盘活资金链条。社工机构要有担当意识，将服务过程中形成的有特色的运作模式、服务内容、工作技巧等及时归纳总结，提升服务的可推广性；对服务过程中出现的新问题、新诉求、新发现，社工机构也要及时进行反馈，进行政策倡导，为相关政策的完善出一份力。社工机构在服务过程中还要注重对经济资源的挖掘，一方面积极寻求政府部门的资金支持，另一方面在民间寻找资金来源，例如社工机构和政府可以通过适当的激励机制，推动民间主体为项目开展提供经济支持，让项目资金来源更加多样。

三、解决问题的关键要点

（1）加强顶层设计，增强互助养老的规范性。政府层面应出台有利于农村互助养老发展的制度性文件，制定可操作的行动准则和扶持政策，设立专项资金，提高对资金的配置能力，并且加强对互助养老项目的有效监管，制定相应的考核指标以保证项目的开展是合理、合法且有效的。在顶层设计方面，社会工作者要充分发挥主观能动性，既要积极学习最新的政策文件，积极宣传政策精神，也要在实务环节积极总结政策的优点与不足，勇于提出自己的建议，促使政策进一步完善。

（2）精准识别服务对象，定期开展需求评估。社会工作者和村居自组织工作人员可以通过定期走访的方式，制定和更新村居内老年人的花名册，并集中自组织力量优先为失能失智、独居或空巢老年人提供必要的照护服务，保障村居内老年人的基本生活，尤其要加大对空巢老年人养老需求的关注力度。与此同时，定期开展需求评估，分析需求满足情况，考察服务的有效性，并及时发现新需求。

（3）盘活农村人力资源，拓宽互助范围。社工机构和村居自组织应当充分发掘当地的人力资源，创新互助养老新方式，如妇女和老年人结对互助、青少年和老年人结对互助。但需要注意的是，在盘活人力资源的过程中，要配套开展规范化的培训，以确保服务质量。

（4）加强对自组织干部的培训，推动规范化管理。自组织干部因文化水平限制而缺乏科学的管理经验，社工机构可以与村两委合作，定期开展管理知识、政策知识、优秀案例、自我发展等方面的学习活动，积极推动召开跨地区经验交流座谈会，不断提升自组织干部的规范化管理能力。

（5）提升各主体间的协同性，增强互助养老项目的运行效率。政府、社工机构、村居自组织等需要明确自身的角色定位，建议在项目初期制定各个主体的职责划分表，减少项目过程中越界行为的发生。社工机构需要牵头组织学习，增强各主体对项目的认知，明确自身的角色定位，增强工作配合度，使各主体形成合力，提升互助养老项目的运行效率。

（6）科学制订并贯彻服务计划，提高服务的总体水平。社工机构和村居自组织需要制订科学的服务计划，动态关注每一位服务对象的基本情况，定期进行需求评估和过程评估，保证服务的总体质量；严格落实岗前培训原则，定期开展各类技能培训，保证服务的有效性；建立合理的激励机制，调动助老者的工作积极性。

（7）重视宣传动员工作，调动社会力量参与项目。在活动初期，社工机构需要同村两委建立良好的关系并获取他们的支持；在招募环节，社工机构可通过村委会广播、村居微信群等形式积极倡导村民参与项目，调动更多村民的积极性。这不仅有助于减少活动开展的阻力，还可以降低自组织孵化的成本，把资金花在更需要的地方。

四、工作反思

（一）工作中可能出现的风险

（1）村两委配合度不足。由于互助养老模式的发展在农村仍处于探索阶段，部分村两委可能对该模式不够了解，致使社会工作者在项目前期就陷入困境。例如，社工机构虽然已经入驻村庄，但初期可能无法快速获得村干部和村民的接纳，导致出现项目执行不配合或执行偏差，进而影响项目运行效果。

（2）村民参与积极性不高。互助养老项目是一种新生事物，村民在项目初期可能由于各种顾虑而参与度较低。互助养老模式最核心的理念是充分调动村居人力资源，村民的低参与率会导致项目活动无法正常开展。

（3）需求评估质量不高。针对农村老年人的需求评估的可量化指标较少，而过程评估可能会因日常工作较多而逐渐被忽视，这就容易导致无法及时反馈老年人在某一阶段的需求变化，进而无法对服务计划进行调整。

（4）互助者之间产生分歧和矛盾。在结成对子开展互助服务后，互助者之间可能会因理念不合而在服务内容等方面产生分歧和矛盾，不利于互助养老服务的有序开展。

（5）项目的持续性不强。互助养老模式预设的思路是随着时间的推移，村居自组织在专业机构撤出后仍然有能力正常运作该项目。但现实情况可能是，自组织由于管理能力、资金调动能力不强等因素而无法持续运作互助养老项目。

（二）工作中的注意事项

（1）尊重村居的差异性。虽然互助养老项目在部分地区试点的过程中形成了一些"范例"，但在进入一个新的村居时，社会工作者仍然需要尊重村居的差异性，挖掘村居的现有资源，结合村居老年人的需求进行方案设计，而不能照搬所谓的成功案例。

（2）强化评估意识。在项目之初，社工机构要对村居老年人的需求进行评估，评估方式需要多样化（将观察、访谈、问卷调查相结合），以确保评估结果能够反映老年人的实际需求。此外，有必要开展过程评估，以了解服务的动态开展状况。建议在评估主体方面引入第三方评估，以保障评估的科学性和客观性。

（3）坚持安全至上原则。互助养老项目的开展会涉及若干活动计划，由于老年人的身体极易受伤，因此在设计活动计划时应尽可能减少风险，并做好风险应急处置预案。

（4）激发村居自组织自我发展的能力。互助养老模式最重要的一环是让该模式在村居持续运作，因此在项目过程中，社工机构要尽可能激发村居自组织的活力和造血能力，提升村居自组织干部的管理能力，为后期该模式在当地的持续运作奠定基础。

后　记

我国已正式进入人口深度老龄化阶段，老年人口呈现出规模巨大、老龄化速度快、高龄化趋势加剧、城乡差异明显等特征。不断加剧的人口老龄化趋势使得老年社会工作的必要性和重要性日益凸显，逐渐完善的老龄政策与服务体系则为老年社会工作的专业化、职业化发展奠定了基础。

在此背景下，有越来越多立志投身老龄事业发展的社工机构和社会工作者，在养老服务、老年健康服务、老年社会参与等领域积极探索，以期寻找提升老年人生活质量的专业方法，响应积极应对老龄化的国家战略。本书在综合考虑不同服务领域和服务区域后，尝试从众多实践中挑选出四个具有一定典型示范作用的老年社会工作案例，具体介绍每个案例的背景和介入过程，同时对案例做简要的分析和反思，希望能为老年社会工作和老年学等相关专业的教学和实践提供参考借鉴。

本书共七章，分为上下两篇。第一至三章组成本书的上篇，主要以老年社会工作的理论与政策为内容，分别梳理了老年社会工作的概念和理论基础、人口老龄化背景下老年社会工作面临的机遇和挑战，以及老年社会工作的政策基础。通过阅读上篇，读者可以清晰地了解到老年社会工作的理论背景、时代背景和政策背景，从而为深刻分析和理解下篇的老年社会工作案例奠定基础。

第四至七章组成本书的下篇，主要分析了四个老年社会工作案例——"戏剧人生"项目、"当我像你一样"项目、"无废社区"项目和"妇老乡亲"项目。通过阅读下篇，读者可以广泛地了解到老年人精神健康服务、代际共融、老年人社区参与和老年人社区照顾等领域的最新服务热点和实践方向。

本书在写作的过程中，参考了学界已有的研究成果，并将相关项目的老年服务实际情况作为写作依据。在此，要感谢北京市东城区耆乐融长者关爱中心、朝阳门社区文化生活馆、内务社区居委会，河北省老年事业发展基金会和河北省荷花公益基金会的支持和帮助。各项目执行团队对本书的编写提供了案例素材和诸多宝贵建议，付出了辛勤的汗水。此外，我的研究生徐怡欣、张捷、徐晓慧、晏希庆、刘砾瑶、刘玥、邓宁飞和冯润泽在案例的收集与整理方面付出了大量的心血，徐怡欣和欧阳材泓在全书的格式统一、文字校对等方面做了大量工作，中国人民大学出版社的盛杰编辑对本书的出版更是付出了辛勤的努力，在此一并表示衷心的感谢。

为简化主题、突出重点，本书只选取了目前老年社会工作领域的部分典型案例做详细介绍，而人口老龄化的时代背景为老年社会工作提供了巨大的服务空间，老年社会工作的介入是广泛而深入的。医养康养结合、长期照护、老年教育、老年友好社区等新兴老年服务成为新趋势，源源不断地为老年社会工作的发展注入活力。本书只展示了众多老年社会工作实践中的一部分，若有不足，希望专家学者和老年社会工作者批评指正，我们将不断完善，期望能为老年社会工作的高质量发展贡献一点力量。

谢立黎

2023 年 5 月 25 日

图书在版编目（CIP）数据

老年社会工作理论与实务 / 谢立黎主编 . -- 北京：
中国人民大学出版社，2025.1. --（明德群学 / 冯仕政
总主编）. -- ISBN 978-7-300-33442-4

Ⅰ. D669.6

中国国家版本馆 CIP 数据核字第 2024NP9812 号

明德群学　　冯仕政　　总主编

明德群学·社会治理与社会政策　　陈那波　　主编

老年社会工作理论与实务

谢立黎　　主编

Laonian Shehui Gongzuo Lilun yu Shiwu

出版发行	中国人民大学出版社	
社　　址	北京中关村大街 31 号	**邮政编码**　100080
电　　话	010 - 62511242（总编室）	010 - 62511770（质管部）
	010 - 82501766（邮购部）	010 - 62514148（门市部）
	010 - 62515195（发行公司）	010 - 62515275（盗版举报）
网　　址	http:// www. crup. com. cn	
经　　销	新华书店	
印　　刷	唐山玺诚印务有限公司	
开　　本	720 mm × 1000 mm　1/16	**版　　次**　2025 年 1 月第 1 版
印　　张	12.75 插页 2	**印　　次**　2025 年 9 月第 3 次印刷
字　　数	173 000	**定　　价**　69.00 元